大是文化

Dangerous Personalities

An FBI Profiler Shows You How to Identify and Protect Yourself from Harmful People

FBI教你認出身邊隱藏的危險人物

生活中那些利用或傷害你的人，以及惡意的陌生人，你都能防範自保

30年資歷的FBI情報員
喬・納瓦羅
Joe Navarro
東妮・斯艾拉・波茵特
Toni Sciarra Poynter
著
張怡沁 譯

CONTENTS

第2章

敢愛敢恨？其實是情緒炸彈

CONTENTS

第3章

第4章

第5章 複合型危險人格

CONTENTS

CONTENTS

推薦序一
壞人不會寫在臉上，你得自己認出來

真的有好人、壞人的分別嗎？或者該說，那些可能會對你造成危害的人，臉上會寫著意圖嗎？

在這個時代，科技的進步讓人與人的接觸、溝通方式增加了，於是只要低下頭，對著發光的螢幕，無論是世界各地發生的大小事，或者與人隨時隨地互動，都十分容易。抬起頭來看看周遭，反而成為最難的事。走在路上的時候、買東西的時候、搭電梯的時候，這些事情隨時都在發生：前面那個女生，抬頭看了松鼠在路樹上奔跑，笑了一下；排隊結帳，有個男人對著店員說話不耐煩，他的心情不好？只要你不注意、不觀察，就什麼都看不見，什麼也沒發生。

當報紙的頭條，出現了一樁沒有人願意多提起的悲劇時，沒有人懂，究竟事情為什麼會發生？怎麼會這樣子呢？沒有一個人能說出原因，甚至沒有人在事前注意到徵兆，包括最親近的家人、父母。

或許你開始小心注意，為了保護自己、所愛的人，想提早認出跡象，遠離潛在的威脅，但看看周圍的人，卻不知道該從哪些行為、言語著手，了解背後的涵義跟動機，進而分辨好人、壞人，以及那些能夠傷害你，而且意圖這麼做的人。

本書是納瓦羅的第四本書，他是有三十年資歷的資深探員，專攻犯罪剖繪與非語言溝通，也因此能從觀察肢體動作，判讀面前這個人的想法。在《FBI教你認出身邊隱藏的危險人物》裡，他以多年辦案的親身經驗、訪談罪犯與受害者的紀錄，搭配實際案例，歸納整理出四種危險的性格，並且提供詳細的查核表、關鍵字表，只要仔細觀察行為、言語，然後按照敘述勾選，就能夠辨別對方有沒有可能對你造成威脅。

沒有艱澀的術語，也不使用太多的數據，這本書專注在一件事情：認出危險人物，盡快遠離，保護自己。當危機近在咫尺的時候，安全才是最優先的考量，這樣的觀點，以及確切可遵循的做法，值得學習、參考。

無論科技如何演變發展、時代怎麼進步，人和人之間的接觸，都不會完全消失，危險人物當然也是，我們無法躲避，也不可完全隔離，但是從這本書裡，我們可以學會如何做好準備：保護自己，和自己所愛的人。

——李天鐸
前國安局駐法組長、
國安評論員

推薦序二

犯罪難以避免，但你可以學習如何不受害

本人早年專攻犯罪學，後來轉攻法學領域，並以《刑法》為教學與研究之重心，可說一直都未與犯罪問題脫離關係。犯罪學不斷強調一個重點：犯罪預防應為最優先，再來才是破案與犯罪人之矯正，因為唯有成功預防犯罪，才能夠真正保護潛在的被害人；如果預防失敗，而犯罪已然發生，被害人所受到的傷害，例如創傷後壓力症候群，可能終生都難以撫平。

犯罪預防主要有兩個面向，其一是對潛在犯罪人的預防，其二則是被害預防。隨著犯罪被害者學之發展，重心逐漸從早期的犯罪人預防，轉向被害預防（含情境預防）。潛在的被害人，如能正確判斷有危險人物與可能造成犯罪的危險情境，及早模擬因應，就能保護自己、脫離危險，進而避免悲劇發生。

犯罪心理學很關心的議題之一，即精神病態人格（psychopathic personality）之特徵，以及與犯罪之關聯性。依其研究發現，精神病態人格有以下的特徵：一、反社會性；二、高度的衝動性，然而相較於內部情緒與欲望而言，這種人仍能以冷靜的外部行

為包裝自己；三、無罪惡感；四、缺乏愛人與被愛之能力。

喬．納瓦羅基於其在警界及聯邦調查局（ＦＢＩ）之長期服務經驗、對犯罪人及被害人之訪談、對犯罪人性格與行為之剖繪，以及史上重要人物事跡的追憶，將有高度犯罪危險性之人格分別歸類為四型。

並且針對自戀型人格、情緒不穩型人格、偏執型人格及獵食者人格分別定義，說明其可能發生的犯罪類型，描述其性格與行為之表徵，提出關鍵字詞，並製作檢核表，按表勾選即可評估危險性高低，以及相對的因應之道。前述之危險性人格，與精神病態人格有相關。此外，當一個人同時具有兩種以上的危險性格時，其犯罪的可能性更高，也更加危險。

拜讀喬．納瓦羅所寫的大作《ＦＢＩ教你認出身邊隱藏的危險人物》之後，勾起我過去所學的回憶。由於書中沒有充斥術語、統計數字，即使是不熟悉相關犯罪學的讀者，也能很容易進入情境，了解沒注意到的動作、言語，其實背後所暗藏的跡象跟暗示，都在告訴你對方有多危險。

二〇一四年五月，臺北捷運車廂上，發生鄭捷瘋狂砍殺乘客案件，造成四死二十四傷，如當成個案研究，也應可推斷其具有哪種危險性格。此等案件，因為造成不特定之無辜者受害，足以誘發強烈之犯罪恐懼感。

作者強調在辦公室、公共場所、同學、朋友、家庭等關係、場所，只要存在前述之

推薦序二

犯罪難以避免，但你可以學習如何不受害

危險性格者，每個人都有可能受害，使這本書的意義並不單純只是一本書，而是求生指南，教讀者知道從何注意、觀察，辨識出可能會造成危害的人物，並及早保持距離，降低被害風險。

——高金桂
前中正大學犯罪防治研究所教授、
東海大學法律系退休教授

推薦序三

犯罪剖繪，揭穿危險人物的面目

「剖繪」（Profiling，也可譯為側寫），就是將行為科學應用在犯罪偵查的手法。而行為科學乃「整合心理學、精神醫學、社會學、人類學等廣泛專門知識，用以剖析個人之行為」。其用詞有：加害者剖繪、心理學剖繪、犯罪者剖繪、犯罪者人格剖繪、犯罪現場剖繪、犯罪現場評估、地理性剖繪（嫌罪犯居住地推測）等。

剖繪起源於一九四〇年代，美國戰略情報局（OSS，即中央情報局〔CIA〕前身）的精神科醫師威廉・郎佳（William Langer），他蒐集與希特勒相關的人格資料，藉以分析研判戰爭的局勢發展。另外還有一九四〇至一九五〇年代，長達十六年間，紐約出現「瘋狂炸彈手」（The Mad Bomber）連續犯案，在人流眾多的公共場所如火車站、公車總站、戲院等地裝設爆裂物，至少有二十二顆引爆，造成十五人受傷。

最後嫌犯喬治・梅地斯基（George P. Metesky）之所以被捕，精神科醫師詹姆士・布魯塞爾（James A. Brussel）著實功不可沒，他以精確的人犯剖析描繪特徵，包含年紀、體型、個性，甚至是衣著，這也是讓剖繪得以出名的早期案例之一。

到了一九七〇年代，聯邦調查局的行為科學組（BSU）利用犯罪現場蒐集之痕跡、證物等資訊為基礎，開始投入罪犯特徵剖繪（Criminal Profiling）以過濾嫌犯，縮小偵查範圍而提高破案率，罪犯特徵剖繪的有效性逐漸被肯定，因此運用於犯罪偵查機會越來越多，開拓了新偵查手法。

剖繪，分為聯邦調查局（美）式與利物浦大學（英）式二類，有所不同，在前者以偵查員為主，兼修行為科學專長，單獨為之；後者則分別由偵查員與行為科學家，兩者合作行之，各有其長。

剖繪，並非萬能，既無法取代傳統偵查手法，也不能直指特定嫌犯是誰！只是提供犯罪特徵、找出「可能性較高之嫌犯屬性」，進而縮小偵查範圍，或追蹤嫌犯。

當前犯罪巧妙化、惡質化、都市化、組織化、國際化，再加上個人生活型態多元化，被害人或加害人之行為、人際關係極為複雜隱蔽，偵查上極費周章；且現代社會生活忙碌急促，對近鄰漠不關心，自掃門前雪，查訪線索難上加難之際，為應對日益惡化的偵查環境，「犯罪剖繪」成了突破性的偵查手段。其效果有：

一、支援高頻率發生案件。

二、支援動機不明案件。

三、確立偵查行為決心。

推薦序三

犯罪剖繪，揭穿危險人物的面目

四、彌補偵查人員經驗。

五、降低偵查經費。

很遺憾，犯罪剖繪發展較晚，我在警大求學時，根本無從聽聞，實務上更是未曾應用過，直到為解決幾件震撼性「冷案」（Cold Case，因許多因素無法立即偵破的案件），始自讀自修，僅有一知半解認識，為時已晚，於事無補！

慶幸大是文化出版《FBI教你認出身邊隱藏的危險人物》，尤其在第六章中，告訴讀者，當法律跟執法者來不及保護你的時候，你該做些什麼事情，才能遠離危險人物，確保生命、財產、生活安全不受侵害。

我常說，我們要的是「魔高一尺，道高一丈」的積極治安，不要「道高一尺，魔高一丈」之消極治安；另外「維護安全，人人有責」，每個人都一齊努力，才有「積極安全」的保障，故敢為文推薦本書給大家參考。

楊子敬
前刑事局長、
潤泰保全董事長

AUTHOR'S NOTE
作者提醒

作者提醒

撰寫本書，是為了幫助讀者理解危險人物的各個面向，也希望能幫助讀者驗證親身經驗。但本書並不是臨床診斷的依據，也不該用來取代專業人員的判斷。

與被害者的訪談，使我清楚了解他們都曾經受苦，需要保有隱私與尊嚴，因此書中訪談對象均用假名。目前在網路上，已可用關鍵字查到部分警方報告與離婚紀錄，因此書中事件細節、日期、時間與案發地點都已稍微修改，以便進一步保護當事人。總之，我盡力保護受害者，同時保留犯案方式的全貌、加害者性格，以及被害者承受的傷害。

序言
遇上這些人，誰都可能成為受害者

我的好友兼同事喬·納瓦羅完成本書初稿時，他問我是否願意看看稿子，給他一些適合、有建設性的意見。但我一拿起來讀，就再也停不下來了。就這個主題來看，本書無疑是最有趣、實用，又讓讀者好上手的作品。分析危險人格的學術研究已經不計其數，納瓦羅刻意不使用過多術語，也放棄複雜的統計數字，分享他辦案與負責犯罪剖繪的多年經驗，讓讀者能清楚理解關於危險人物的敘述與結論。

閱讀本書時，我腦中浮現的主要問題之一是：**有誰會覺得這書實用又有趣呢？答案很簡單：每個人。因為任何人在生命中的某個階段，都可能遇到危險人物**，有時還不只一個。從一些案例來看，**這種人可能是家庭成員、約會或打算結婚的對象、親密好友或是普通朋友，也有可能是同事，或者陌生人**。

這本書的價值在於告訴讀者，只要遇上這些人物，誰都可能成為受害者，就算彼此並不熟識，依舊可能有人受害。這些人的性格有重大缺陷且冷酷，他們有辦法傷害我們，又讓我們覺得活該受苦，**不過這種人絕不會調整或改變侵害他人的行為**。

FBI教你認出身邊隱藏的危險人物

DANGEROUS PERSONALITIES

如果仔細閱讀本書，絕對會獲益不少，這也是本書存在的目的。首先，讀者可以透過本書認識各種危險人格，及時預防這些人進入生活。此外，本書提供了很明確的建議，告訴讀者如何有效對付這種人。最後，也是最重要的一點，如果讀者確實遵守書中內容，很可能保住性命，或避免嚴重的精神、肉體傷害，以及金錢損失。

我曾經擔任重案組刑警，目前是犯罪學家，過去親眼目睹了這些危險人物犯下重案，折磨無辜且無防備的被害人。只要不慎闖進這種人控制的領域，他們就會犯下謀殺、強姦、毆打、偷竊、恐嚇罪行，以及利用無辜者。這些人是純粹的投機分子，生性狡猾且善於操控他人。

你確實有可能在生活中遭遇壞人，你的親人當然也可能會遇上。**保持警覺當然很重要，但是還要加上正確的知識，才能確保你的人身安全**。我可以保證，納瓦羅這本了不起的書，確實達成了這個目的。

雷納德·特瑞多（Leonard Territo）博士
聖里奧大學（Saint Leo University）
刑事法律特聘教授、
南佛羅里達大學（University of South Florida）
犯罪學系榮譽教授

自序
利用這些線索，幫你辨認危險人物

一九七五年六月二十七日，一位十五歲的少女失蹤了。案發地點是原本十分安全的校園，位於美國猶他州普若佛市的楊百翰大學（Brigham Young University），女孩名叫蘇珊・「蘇」・寇蒂斯（Susan “Sue” Curtis），她去那裡參加青少年研討會。當時我只是個菜鳥警員。

這樁失蹤案的初步調查階段由我經手處理，警方訊問了蘇的朋友與家人，知道她要回宿舍清理新牙套，但是搜索住處後發現牙刷沒用過。蘇珊根本沒回到房裡。

警方還查到蘇珊做了哪些事（當天的午餐券用掉了），但能重建案發經過的線索十分有限——那個年代的校園不是到處都有監視器，也沒有手機能隨時保持聯絡。

我們還訊問了蘇珊的家人，他們悲痛與絕望的程度，我到現在還能清楚記得，這件案子讓他們所受的創傷，連旁人看了都會感到哀痛又絕望。所有線索與合理推斷，最後都沒查出頭緒，始終沒找到她的下落。我一直想著這件失蹤案，因為那晚**輪值的是我**、**巡邏校園的是我**，**部分責任也屬於我**。我保留了報告副本，裡面有蘇珊的照片，接下來幾年，我不自覺就會在人群中搜索，想要找出神似蘇珊的臉。留著檔案，也是為了提醒自己，我沒能保護無辜者免於受害。

多年以後，我進入聯邦調查局當探員，有天接到一通來自猶他州鹽湖城（Salt Lake City）探員的電話。「有件事情該告訴你。我們一直沒找到蘇珊．寇蒂斯，但我們查出是誰抓走她了。」他接著告訴我，那晚有個英俊的年輕人，開著一輛福斯汽車在校園閒晃，尋找下手的目標。男子最後承認綁架並殺害蘇珊，他就是西奧多．「泰德」．邦迪（Theodore "Ted" Bundy）[1]，這傢伙後來承認殺害了三十五位年輕女子，犯案地點遍及美國四州。

即便現在，想起那杏眼長髮的女孩，對我來說依舊難受。我曾經每天看著她的照片、讀她的日記；為了找尋她可能去過哪裡的痕跡，我聞過她的衣物、摸索她鞋子上的溼氣與泥跡，拚命找尋任何可能的線索。那天晚上，我很有可能看過凶手駕車進入校園。他的車子沒貼上楊百翰大學教職員或學生的辨識貼紙，我應該要多看兩眼。但那天校園裡有太多訪客，有許多外來車輛。那就像尋常的一天，沒接到任何通報或目擊不法行為，只是校園裡居然來了個危險人物：一個物色獵物的連環殺人魔，而且他後來繼續犯案。

楊百翰大學是全美最安全的校園之一，卻發生了這起綁架命案。這到底是怎麼發生的？究竟是什麼樣的人會幹下這種事？居然有人會如此殘害無辜的人，也同時傷害被害者家屬，想到這點就讓我全身發冷。**世界上確實存在這種壞人，而我們永遠不可能安全**

自序

利用這些線索，幫你辨認危險人物

無虞——二十二歲時，擔任制服警察的我深刻體認了這件事。每想到只有十五歲的蘇珊在那天晚上，是由壞人讓她在死前了解這件事情，我就不由得全身發抖。

這個案件，促使我在多年後進入聯邦調查局坦帕分部擔任刑事剖繪人員，後來又加入集結菁英的國家安全分部行為分析計畫。我認為，犯罪與偏差行為必須詳加研究，因此我在局裡的大多數業務都是圍繞著這個目標。蘇珊．寇蒂斯在我值勤時失去下落，她的調查報告上有我的證詞與簽名，這樁悲劇事件激起我追尋真相的渴望，而真相來自最清楚案發經過的嫌犯以及被害人。

四十多年來，我從他們身上學到，哪幾種人格最會對他人造成傷害，這些人一再犯罪、施虐、折磨，造成被害人財物損失或喪命。本書就是講述關於這些帶來巨大傷害與痛苦的危險人物，**我從這些罪犯、偏差行為以及壞人身上學到的，讀者也該知道，因為這些知識可能可以救你一命**。

什麼樣的人會做出這種事？

現在我們都很熟悉這類可怕的頭條新聞：獨行殺手闖入辦公大樓、教室、校園、露

1活躍於一九七四至一九七七年的美國連續殺人犯，喜歡對女學生下手，有「校園殺手」之稱。

營場地或其他地點，接著似乎**毫無預警就抽出步槍或其他凶器，造成許多無辜受害者死亡或重傷**。案件發生後，等一切騷動平息，死者入土，而倖存者與家屬餘生都帶著創傷，於是我們會問：「**什麼樣的人會做出這種事？有沒有辦法事先防範？**」

這些重大案件發生後，往往會占據新聞版面數個月（舉幾個例子，像是維吉尼亞理工大學校園槍擊案[2]、科倫拜高中校園槍擊案[3]、桑迪胡克小學校園槍擊案[4]，以及挪威的爆炸槍擊案[5]等）。不幸的是，這些可怕的大屠殺太常發生，光是在美國，每年平均就有十八到二十起，一個月超過一起，於是幾乎令人麻木了。這次死了多少人？人們會問起。八人、十六人、二十六人，還是七十七人？（二〇一一年七月二十二日，在挪威烏托亞島〔Utøya〕，極端排外的右翼極端分子布瑞維克〔Anders Behring Breivik〕，害死了多少人？）

儘管這些暴力事件駭人聽聞，仍舊不能呈現凶手的完整樣貌。令人憂心的是，我們只看到檯面上的大屠殺凶手，卻看不到其他連續做案的罪犯，或許他們一次不過只殺了一個孩子、某個約會對象，或是自己的伴侶，很可能根本上不了大報的社會版，也上不了全國新聞，不足以讓我們警覺。**而使我們折磨受苦、可能會遇上的案件，就是屬於這一類**。

我們周遭的危險人物，做案的地點就在家裡、教堂、學校、公司，他們關上門，等著我們給予信任或毫無防備，**等到發現時已經太遲了**。這些危險分子只有在偶爾落網時，

自序

利用這些線索，幫你辨認危險人物

才會登上頭條新聞。

美國每年有將近一萬五千件殺人案、四百八十萬件家庭暴力、兩百二十萬件竊案、三十五萬四千件搶案，以及超過二十三萬件性騷擾案，其中多數都是這種人犯下的，而且**大都未曾報案，也沒有判刑**。或者是像馬多夫（Bernard Madoff）[6]這種案例，從老年客戶或朋友帳戶裡盜領金額持續數年（以馬多夫的規模，遭受財務損失的人數以千計）。**這些危險人物可以作惡十幾二十年不被發現**，像是賓州州立大學性侵兒童的罪犯傑瑞・森達斯基（Jerry Sandusky）[7]，不知毀了多少無辜者的一生。

回想你的生命裡，可能東西曾被人偷走，或是遭別人狠狠利用，像是屋子遭竊、車

---

2 二〇〇七年四月十六日，韓裔學生趙承熙持槍掃射校園後自殺，造成三十三人死亡，是美國史上死亡人數第三多的槍擊事件。

3 一九九九年四月二十日，兩名青少年艾瑞克・哈里斯和迪倫・克萊伯德，持槍殺害十二名學生與一名老師，隨後自殺，共十五人死亡。

4 二〇一二年十二月十四日，亞當・藍札攜械進入校園，在自殺前殺害二十名兒童與六名成人，是美國史上死亡人數第四多的槍擊事件。

5 二〇一一年七月二十二日，布瑞維克先在挪威首都奧斯陸引爆炸彈，隨後在郊區烏托亞島進行掃射，總共造成七十七人死亡。

6 美國金融業者，曾任那斯達克證券交易所主席，設計金融騙局，造成投資人五百億美元以上損失。

7 賓州大學美式足球教練，被控五十二起兒童性侵案，犯案期間長達十五年。

被人撬開，或者約會對象人品糟糕；也許你在學校或公司遭到霸凌，甚至曾經被攻擊、搶劫，或遭到性侵卻從來沒報案，也可能報警了卻毫無下文。我們周遭發生太多類似的案件卻從來沒通報，或者報案之後，極少看到罪犯得到制裁。**犯罪學家六十年來的研究顯示，犯下案件並遭到法律制裁的罪犯，還不到一%。**

這個數字告訴我們，這些傷害我們的危險人物，絕大多數有辦法逃過公權力，他們恣意摧毀別人的生活卻不曾被逮，甚至連續犯案多年。還不只是肉體上的傷害，侵害還可能造成情感、心理，或財務的損傷。

壞人？他們看起來就像一般人

在聯邦調查局負責罪犯心理剖繪的日子，有幾種人格特別引起我們的注意，我逐漸看出一個模式。**這些人常會觸犯法律、折磨他人、從事危險行為、利用或凌虐他人，讓被害人極為痛苦，而且不是一、兩次，而是持續犯案。**

透過相當的努力以及他人協助，我找出了幾種人格：這些人品格卑劣，習於欺騙與誤導，以利用他人為樂，視法律為無物，對他人也毫無尊重；這些人極度情緒化，待人殘酷、粗魯無情、予取予求。這些人帶給別人精神與肉體的折磨，自己卻毫無感覺，也不在乎，並且一再重複這些行為。

自序

利用這些線索，幫你辨認危險人物

經由調查案件、逮捕罪犯，以及訊問性侵犯、殺人犯、綁架犯、銀行搶犯、白領罪犯、戀童者、恐怖分子，我從這個過程學到：**危險人物極善於隱藏。他們看起來就像一般人，有些人甚至相當聰明風趣、討人喜歡，不過他們就是壞人。**

一九九五年，我初遇凱莉．泰瑞絲．華倫（Kelly Terese Warren）。凱莉住在喬治亞州華納羅賓斯市，育有一女。她曾在軍中擔任文書工作，在歐洲服役之後光榮退伍。她先生在貯木場工作，她則四處打零工，像是幫人帶小孩，也在便利商店打工。

凱莉總是帶著微笑並以擁抱歡迎我，而且不管她家的食物是否足夠，她總是樂於分享，並不停為我斟上冰涼的蜜茶。那個夏天我們兩個進行了十幾次訪談，微笑時時刻刻都掛在她臉上。

凱莉告訴我美軍駐紮歐洲的生活，還有她在美國南方長大的過程。她個性活潑有趣，回答問題很快，而且會補充細節。大約有一年的時間，我與同事靠著凱莉的情報追查蘇聯的間諜。那一年，凱莉說的每個字我們都沒放過，她熱心提供的每個線索，我們都會查到底。

但就是有什麼不對勁。凱莉告訴我們的事，沒有一件能拼湊出真相，而且因為線索都在歐洲，我們花了不少時間才發現這個狀況。我們最後跟凱莉對質，結果發現她不但騙了我們，而且讓國家安全出現危機的人就是她。凱莉在二十幾歲駐防歐洲時，居然把經手打字的機密作戰計畫賣給蘇聯，在冷戰最緊張的時期，整個中歐因此陷入險境。

總是帶著甜笑送上蜜茶的凱莉，正是個好例子，危險人物或許風趣討喜，但是有能力讓整個國家（以凱莉的例子，是好幾個國家）陷入險境。凱莉因間諜罪被判二十五年徒刑。

這種人的問題不只是人格，還包括品德，也就是道德與倫理的缺陷。**你絕不能相信他們，這些人不說實話，也不在意你的安危**。而正因為他們的人格，帶給他人的只有難以修復的創傷。

我歸納出四種危險人格，這些人會犯下各種案子，每天都有可能讓你遭受精神、肉體，以及財務上的損失。也就是本書討論的幾種人：

- 自戀型人格（narcissistic personality）。
- 情緒不穩型人格（emotionally unstable personality）。
- 偏執型人格（paranoid personality）。
- 獵食者人格（predator）。

關於術語的說明

有些讀者可能會好奇，我為何選擇非臨床術語（情緒不穩型人格、獵食者人格）來形容本書中的這兩類危險人格，這個問題很有道理。

我希望一般人看到這些用語也能馬上理解，而且在不同文化背景都能通用。當然，如果我用精神病態（psycopath）來形容獵食者人格，那樣或許非常簡便。遺憾的是，這個詞語已經被濫用了，甚至連專業人員也沒有謹慎使用，比較精確的做法是區分為行為規範障礙（conduct disorder）、反社會（sociopath）、反社會型人格異常（antisocial personality disorder），或者是依照世界衛生組織定義的反社會型人格障礙（dissocial personality disorder）才會更為精確。

精神病態、反社會，或是有反社會型人格異常與行為規範障礙的患者，在醫療機構與精神研究文獻中被清楚區分。如果要以這些標籤來歸類，就必須很清楚心理健康學界規範的特定標準，或是參照羅伯特・海爾（Robert Hare）博士[8]的定義。

8 海爾博士編有「海爾病態人格檢核表」（Hare Psychopathy Checklist）。

要加以分辨對專業人士來說並不容易，對一般讀者更是如此。因此我決定用**獵食者人格**，這個詞語涵蓋了這類人的樣貌：**他們物色目標、占人便宜，且目無法紀，踐踏他人的權利與尊嚴**。

同樣的，邊緣型人格（borderline personality）、表演型人格（histrionic）、行為規範障礙、躁鬱症（bipolar disorder）也各有完整的臨床定義，但許多人並不熟悉這些術語。因此我改以情緒不穩型人格來描述，讓一般人（也包括我在內）比較容易理解。

我也知道某些心理學術語，像是邊緣型人格與表演型人格這種，已經帶有過多負面涵義，使用起來帶有偏見，無法清楚描述事實，這是我避免使用這幾個名詞的原因。

但是自戀型與偏執型人格廣為人知，因為從神話與文學中，我們常常讀到這類人物，因此本書還是沿用這兩個術語。

自　序

利用這些線索，幫你辨認危險人物

幫助你看出：誰會利用或傷害你

我希望藉著本書與讀者分享，**哪類人可能威脅到你的身家財產。這些人就在我們身邊，可能是你的鄰居、朋友、主管、情人、伴侶、親戚，甚至雙親；他們也可能是領導者，或者是專業人士**，替你處理學業、資產與健康或是安全上的問題，因此我們更要特別提高警覺。

惡行、犯罪或痛苦可能以各種形式發生，也不會先對你揮旗或吹哨警示：「準備好！我來了！」其實，以我身為聯邦調查局探員的經驗，**這些罪犯非常善於不著痕跡的接近，利用機會下手**。別號「BTK殺手」的丹尼斯．雷德（Dennis Rader）就在人群中躲了三十年。雷德住在堪薩斯州的公園市，靠近威奇托（Wichita）地區，擔任當地教會的區會領導，以及當地的稽察、捕狗員。他同時也是連環殺人犯，偏好捆綁、凌虐並殺害被害人，**BTK是綁、虐、殺（bind、torture、kill）的縮寫**，至少有十人在他手上送命。**妻子與子女三十年來都被蒙在鼓裡**，共事的市政官員與教堂人員也沒有察覺。

大衛．羅素．威廉斯（David Russell Williams）是曾獲勳章的加拿大上校，但他同樣也有個祕密瞞著妻子與同僚：他是連續性侵殺人犯。還有，有些天主教神父持續性侵孩童數十年，卻用聖袍掩蓋所有真相。

看到這些案件，我們不禁想著到底還能相信誰？在傷害造成之前，我們該怎麼做才能事先察覺並避免這些情況發生？**我們還是得靠自己的觀察能力，從別人的行為看出蹊蹺**，利用本能來感知危險。

有時，那個舉止怪異又難纏的人，可能坐在你隔壁辦公桌，或跟你同住一個屋簷下，**唯一能看出關鍵並救你一命的人，就是你自己**。二〇一三年遭判刑的艾瑞爾・卡斯楚（Ariel Castro），他在家中囚禁三名女子，並施以凌虐強暴超過十年（換成天數想想，真的很久）。他被逮捕後，鄰居告訴記者，卡斯楚「外表開朗，對小孩很好」，他們很難相信居然發生這種事。有個認識他二十二年、住在隔壁兩棟的鄰居表示：「我有些內疚，我早該發現的。」

如果這些鄰居、家人，或卡斯楚的樂團成員（他擔任吉他手與主唱）能觀察得更仔細，結果會如何？可惜多數人欠缺仔細觀察的動機。事實上，**社會不贊同「管閒事」這個舉動**，而且很多人也不知道該觀察些什麼。**遺憾的是，維持禮貌視而不見，這麼做似乎是社交慣例**。

我不希望本書讀者受害，也不願有人經歷我曾目睹的案件，以及許多被害者遭受的痛苦。我希望讀者過著快樂滿足的生活，然而生活中就是有這些人伺機而動，準備凌虐無辜或是掠奪財物。如果你不相信，看看報紙，就會明白我們為何必須有所準備。

受害者在事發後都會問：「為什麼這種事會發生在我身上？為什麼我之前沒看出端倪？」**這種情緒我們都經歷過，我也不例外**。案件發生後，一切線索就像新聞節目一樣

自序

利用這些線索，幫你辨認危險人物

清晰，但是發生之前，幾乎看不出來，因為從來沒有人提醒過你，該注意哪些地方。從事犯罪偵查就都知道，**一定會有些人格特徵與行為線索**，提醒有經驗的探員：「這裡事有蹊蹺，多加注意；謹慎小心，或趕緊離開。」但**一般人不會注意，或根本忽視這些線索**。

這就是我撰寫本書的目的，我希望幫助讀者事先看出誰會利用你或傷害你。你的安全必須自己負責，不能外求，就算你期望有人負責你的安全，多半也不實際。誰都知道警方勤務繁忙、精神診所人滿為患、法院審判放走了許多嫌疑犯，此外，我也一再強調，絕大多數的犯案者鮮少被逮。所以，**自己的安全得靠自己**。

如果對付這些危險分子，能像處理垃圾郵件或視窗廣告那就好了，點一下按鍵就能擋掉，永遠趕出我們的生活，但是當然不可能，只好靠自己保持警覺。

我與讀者分享這些內容，是因為大家身邊沒有專家能隨時回答這類問題：「你覺得他會造成危險嗎？」、「他是好人嗎？」、「我能把孩子託付給她嗎？」、「我能請他幫我投資嗎？」、「要不要跟她當室友？」、「這個主管有本事毀了我的公司嗎？」、「我該不該帶他回家過夜？」做這些決定無法仰賴他人，不過要回答這幾個問題，卻沒有幾個人具備正確評估他人的能力。**要是今天做出錯誤決定，明天可能就成了報紙頭條的悲劇事件**。

現在各位有能力主動捍衛自己的安全，本書將專家建議化為簡單實用的方法，讓你能掌控自己的生活。我會協助讀者了解，如何看出他人性格與品德的缺陷，降低情感、心理、肉體或是財務受損的機率。富蘭克林（Benjamin Franklin）說得好：「投資知識，回報最高。」我要補充，**投資這類知識，能夠救你一命**。

FBI的利器：危險人格檢核表

我工作的環境，無法花上幾天甚至幾週來評估一個人，再來決定是否該繼續調查、鎖定、跟蹤、訊問、對質、接觸甚至逮捕，一切都得快。畢竟當你與綁架犯交涉時，可不能說：「等我一下，我得問問專家，了解你的人格模式，再決定怎麼應對。」事情不是這樣處理，**當下發生，就得即刻決定**。

面對危急狀況，我們對人類行為的了解很關鍵，從危險人格的行為模式蒐集而來的相關資訊，也同等重要。我根據長期研究這些人物，加上訪談專家和受害者，逐漸整理出這些危險人格的特質，並做出檢核表，當我處理極端危險的狀況時，就是靠這份檢核表迅速評估。

這些我運用多年並且不停修正的技巧，在聯邦調查局裡也只有非常少數的犯罪剖繪員知道，不過現在我要與讀者共享。

接下來，我會在各章之中列出這四種危險人格的定義與特質、行為表現的特徵、帶給別人的感受，以及可能出沒的地點，還有該怎麼應對。我也會從日常生活、我經手的

自序
利用這些線索，幫你辨認危險人物

案件，以及過去頭條新聞事件，提出各種案例補充。每個章節最後會以危險人格檢核表做結，以簡單易懂的方式舉出應該警覺的關鍵。檢核表中包括了簡單實用的分數評估系統，幫助讀者衡量評估對象的嚴重程度，也就是說，從令人討厭、惡劣到極端危險。

危險人格檢核表，能讓你理解下面幾件事：

- **哪些最常見的人格特質與行為，其實在告訴你「小心提防」。**
- **有些特質、行為或事件看起來尋常，但背後傳遞出危險的暗號。**
- **可以藉以預測此人會做哪些事情。**
- **你或任何與他接觸的人，可能面臨的威脅與嚴重程度。**

每個檢核表都十分詳細而且明確，等你讀到檢核表，也許會疑惑項目是否太多了。答案很簡單，評估危險人格其實是個複雜而微妙的過程，所以這麼長有其必要。**細節能保證精確程度，因此一般人就不會忽視任何別具意義而且隱微的行為**，這些行為定義了某種的危險人格，但一般人既難察覺，也容易淡忘。

本書目的在於維護讀者安全、拯救生命，考慮到多數讀者需求，並且還要能派上用場，不得不仔細列項。就像是資深機長會有一疊厚厚的飛行報告與降落檢核表，意在盡量保障飛機上所有乘客的安全。**完整詳盡的檢核表，才能盡量達到謹慎精確，面對危險**

人物時，細節與精確絕對勝過簡短與模糊。

閱讀本書並運用檢核表的同時，讀者會注意到本書沒有太多統計數字，這點有別於同類書籍。就我看來，討論某種人格時，我們會說這類人占了總人口比率約一%、六%，或二．八%，不過這樣會讓讀者將焦點放在機率（統計數字），而非這類人的行為。很可能會有人說：「嗯，我安全的機率是九六%，其實不用太擔心。」很多吸菸者也這樣欺騙自己，只關注「未罹患肺癌」的數據，忽略了導致肺癌的行為與生活方式。

我希望讀者放下這種心態，不論是在街上、辦公室、在車裡、在家裡，還是在臥室，只要遇上一個危險人物，一切就毀了。**因此本書把焦點放在行為，而不是統計數字或機率**。

根據某些研究（讀者可參考《精神疾病診斷與統計手冊》〔*Diagnostic and Statistical Manual of Mental Disorders*〕第五版，簡稱DSM-5），某些診斷出人格異常的患者，常常落在特定性別，例如反社會人格異常好發於男性，而邊緣人格異常則是女性比較常見。

這兩種人格異常，又各別具備了許多特質，因此歸類在本書列舉的獵食型人格與情緒不穩型人格中。如同前述，我不建議太過著重統計數字，將某種人格異常與特定性別連結並不正確。我們不必太講究統計，或帶著性別歧視，**應該注意的是行為模式，這些行為定義了危險人格**。

自 序

利用這些線索，幫你辨認危險人物

建立自己和家人的安全雷達

閱讀本書時，特別要請讀者理解，我並不是心理健康專家，本書也不是要教你診斷。臨床診斷要留給具備多年訓練的醫師，他們熟悉診斷的技巧與科學，並有美國精神醫學學會（American Psychiatric Association）建立的精確評量標準作為參考。儘管本書內容或許對專業人士有些幫助，不過目的不是為了診斷症狀。

檢核表是為了要方便讀者辨識危險人物，或是這些行為模式，因此設計而成的評估工具。我們會小心判斷是否該讓外頭的人進門、是否該僱用這個人，**有了檢核表，能補強你的評估過程**，變得更詳盡澈底。本書詳述了如何從行為模式認出危險人物，告訴你如何自保，以及保護你關愛的人。

市面上有很多針對心理疾病的書，主題包含變態心理學、其人格疾病，以及可能的成因與治療方式，但這並不是本書的主題。如果讀者希望看到相關資訊，可以參考前述幾類的書。本書的撰寫完全參考我過去在聯邦調查局擔任探員，經常對付危險人物的經驗，我曾與這些人當面交手，有的是辦案對象，也有些是訊問訪談時接觸到的人。因此我並非從治療的角度切入，治療與診斷要留給專業人士。

希望讀者在讀完本書之後，繼續接觸相關資訊，我相信廣泛閱讀不同作者的說法會更好。

還有很多書探討這類人格的形成原因，這也不是本書的重點，原因很簡單：要是某人以天天羞辱你為樂、清空你的銀行帳戶、猥褻你的孩子，甚至用皮帶勒緊你的喉嚨，你還會在意他為什麼變成今天這個樣子嗎？這些就交給臨床醫師與研究人員判斷，最要緊的，是你自身與所愛家人的安全。

我在執法部門服務數十年，只要越了解嫌犯性格，將他逮捕歸案的機會也越高，更能阻止他再度犯案。例如，偵辦綁票案時，我們面對的究竟是獵食者、自戀者、偏執者，還是情緒不穩型人格，決定了我們該如何跟綁匪交涉、交涉的頻率與方式，了解其性格也有助於選擇適合的行動方案來營救人質。

因為人格特質往往決定了可能的行為與招數，掌握嫌犯的人格特質，能幫我們精確預測案件的演變方向。所以行為分析家這麼說：「最能預測未來行為的，就是過去的行為。」正如同哲學家亞里斯多德對人性的名言：

「重複的行為造就了我們。」

如果讀者想了解危險人格「為何如此」，本書無法回答。要是你想了解他們的思考與行為，並且保護自己與你所愛的人、保護你的事業，那麼本書是個很好的起點。

我受的專業訓練以及個人哲學都主張，每個人都有權得到尊重與合乎道德的對待，也

自序

利用這些線索，幫你辨認危險人物

深信沒有誰有義務受害。讓我再次強調：**沒有誰有義務受害**，這是我撰寫本書的原因。我只在意一件事：你的安全與幸福。我希望你，以及你的孩子、父母，或祖父母都不會成為受害者。

我的目標不是嚇唬你，而是給你力量，讓你對這幾種人格更為敏感，才能及早發現，預防親人或是你自己受害，甚至能與這些人保持距離，不讓他們進一步傷害你。我希望幫助讀者建立自己的「安全雷達」，**偵測可疑行為，小心面對危險人物，放慢腳步，不輕信他人**。

如果每個人都能這麼謹慎，社會會因此更安全，只要我們能事前防範，或許這些危險人物就再也不會登上新聞頭條。

如果本書能幫你認出危險人物，保護自己免於受到肉體傷害、情緒折磨、心理威脅或財務損失，那就達成我寫這本書的目的了。

第 1 章

自戀者，
他們會一點一點折磨你

控制狂　霸凌者　糟蹋人
詐欺犯　宗教領袖

一般人使用某些詞語，其實並不真正了解其中涵義，其中又以「自戀者」最常被誤用。這個來自古老的神話（古希臘神話中，愛上自己水中倒影的美少年納西瑟斯）的語詞很常見，但真正的定義可能容易混淆。

許多人以為，自戀者是那種蓋了旅館並以自己名字命名，或是永遠希望站在鎂光燈下，像是電視實境節目裡會出現的人物。的確，很多人都喜歡成為矚目焦點，不過這裡要討論的自戀者，可能會侵害他人。接下來，我會用「自戀者」，或「自戀型人格」這兩個名詞進行探討。

自戀型人格只在乎自己、自己的需求，以及自己看重的事物。一般人或許也喜歡受到注意，但是自戀者**渴望**被注意，並且以操弄他人或控制局面的手段來獲得關注。一般人會努力工作出頭，自戀型人格為了成功，不在意靠欺騙、撒謊、扭曲事實或想盡計謀來勝出，就算有人因此受到影響也不以為意。

這些人在社會上各個階層都有，如果是最高層的領導人，歷史記錄了他們發動戰爭，主導滅絕種族的屠殺；不過他們同樣也可能出現在辦公室、在酒吧的鄰座、在家裡、在你的校隊裡、教室，甚至在宗教團體之中。

童話《灰姑娘》裡的狠心繼母與姊姊，只在乎自己的一切，完全展現了自戀者剝削他人的樣貌，生性自私，占人便宜。迪士尼的《灰姑娘》只是各版本中最有名的，但這則童話在歷史上還有三百多種版本，顯然在不同文化中，都警告我們提防這種人，這說

第一章
自戀者，他們會一點一點折磨你

得一點也沒錯。

自戀型人格就像灰姑娘的繼母與姊姊，看不到自己的缺點，要是其他人給的評價沒那麼好，就會被自戀者視若無物，甚而遭到蔑視與折磨。在迪士尼的童話中，灰姑娘最終有個魔法般的快樂結局，但是現實生活裡，可沒有神仙教母或是王子來拯救我們。碰上自戀型人格，我們得懂得自保。

自戀不等於自信，而是傲慢

自戀不等於自信，真正的自信帶有令人欽佩的力量。自戀者的自信只是純粹的傲慢，這種性格缺點會生出各種不切實際的念頭，而自戀者的欲望難以滿足，因此往往損害別人來滿足自己。

有些不切實際的點子也許對社會有益，像是發現電力，能帶來各方面的進步，登陸月球也是很好的例子。華特．迪士尼也有個看似荒謬的點子：創造孩子與大人都能開心的「魔法」之地。於是我們有了迪士尼樂園、迪士尼世界，與迪士尼未來世界。

不過自戀者的狀況可全然不同，以吉姆．瓊斯（Jim Jones）[9]為例，他的理想是在

9 人民聖殿教的創始人，一九七八年在南美洲的蓋亞那逼迫教徒集體自殺，隨後以手槍自殺。

南美蓋亞那的瓊斯鎮（Jonestown）建造一處聖地，接受人民膜拜，將他視為至尊上主。進入聖地的代價是什麼？畢生積蓄，以及你的自由意志，最後帶著自己的孩子一同喝下摻有氰化物的冷飲，和其他超過九百名追隨者一起送命。

第一個例子中，宏大的想法或許能引領我們實現美夢；第二個例子，則是變成我們最害怕的噩夢。**問題不在於點子或想法，而是推動者的人格模式與人品缺陷。**有人追求大眾的福祉，也有人渴求得到崇拜，只在乎自己的快樂。因此我要提醒讀者，哪些特質能定義這種危險人格。

一副高高在上——我有權要求一切

每個孩子的成長過程中，都會經歷這個階段：**我就是全世界的中心，有權要求一切**。可是無論年紀多大，自戀型人格始終沒有脫離這個階段，還像兒童一樣，於是為了成為注目焦點或達到目的，做出荒謬甚至難以想像的事。

這些人出席會議、派對與家庭聚會時必定遲到，再以戲劇化的方式進場，贏得所有人注意；他們急於讓你知道屋裡最聰明的人是誰，**誇稱自己認識哪些名流**、和哪些人共進午餐，總是說個不停，讓你知道他們跟大人物關係良好。

自戀者非常重視各方面都要看起來完美無瑕，這些人十分在意自己的外表，也善於利用外貌來影響他人，像是在派對場合引人矚目，要每個人注意他擁有最好、最大、最昂貴的一切事物。

有些自戀型人格儘管沒什麼成就，仍然喜歡**表現出事業有成的樣子**，把自己當成偉大的發明家、藝術家、音樂家、思想家、領導人，或是大歌星。**一旦事情不如己意，就怪罪周遭所有人，從不檢討自己**。這些人也許犯了錯、能力不足，也不受歡迎，但你絕不會聽到他們承認，一定是別人有問題，像是制度、社會、主管、教授、選民，全世界都在找他麻煩，我們就是看不出他有多偉大。

如果自戀者沒有得到他自認該享有的特殊待遇，就會像幼童大發脾氣、生悶氣、抱怨、大怒，有時甚至暴力相向。他會理所當然的責怪別人、懷恨在心，甚至含恨報復——**這是自戀者的天性**。

這種人比例攀升，難怪霸凌頻傳

既然自戀者認為自己獨一無二，別人在他眼中自然無關緊要。他們很擅長將他人踩在腳下來抬高身價，例如企業家兼旅館大亨李歐娜·赫姆斯利（Leona Helmsley，靠房仲發跡後嫁給地產大亨），就有「刻薄女王」的稱號，但她可不只刻薄而已，而是**想盡辦法欺凌所有她眼中地位比她低的人**，與現在校園常見的霸凌情況相同。

霸凌似乎越來越普遍，導致的結果（被害人心不在焉、憂鬱、焦慮、自殺）也更加嚴重、極端。這並不是偶發的現象，許多臨床醫師認為，自戀者在人口比例中有增加趨勢，因此霸凌行為也越來越常見，兩者似乎相互連動。

在這個時代，自戀型人格者不必親自動手就能將你擊垮。二〇一三年九月九日，在佛羅里達州波爾克郡（Polk）一處廢棄水泥工廠，十二歲的蕾貝卡・賽德維克（Rebecca Sedwick）從高處跳下，就此喪命，據說是在網路上受盡折磨（網路霸凌）造成。慣於過度抬高自己，並且貶低他人的自戀者，就會引發這種結果。

自戀型人格**擅長找出他人的弱點與不安全感並且攻擊**，藉此建立優越感。比方說，自戀者會注意到你的新手錶，接著亮出他更加昂貴的腕錶；參加戶外烤肉派對時，他可能會說：「只有漢堡，沒有供應牛排嗎？」而且音量會讓你所有的賓客都聽到。**自戀者不在意你的感覺，以貶低他人為樂**。

這種人呢，若是發現有人為了即將上臺演講而緊張，會說：「前面講者好精彩，接在他後頭上臺真是不輕鬆呢！我可不想跟你一樣。」我去紐奧良發表演說的時候，就碰過這種事。

有時候，**自戀者會在公眾場合，當眾大罵伴侶或孩子**，完全不管身在社交場合，或是孩子的運動競賽。如果他們在這麼多人面前都敢如此，請想想在私底下沒有外人時，他們會是什麼樣子。

這種人也會**批評他人愚蠢或無能**，態度冷淡尖刻，像是會對著身邊的侍者叫囂，**轉過身來卻若無其事的對你微笑**。多年前我在拉斯維加斯參加一場活動，某個講者為了麥克風失靈，當著一百五十位出席者的面，對著旅館工作人員大吼：「我大老遠來可不是為了當眾出糗，快給我修好！」每個人都嚇呆了。曾經目睹或是身受這種待遇的人就會明白，他們面對的就是自戀型人格。

傲慢、予取予求、毫無同情心

多數人在童年時學到理解他人的感受，明白自己的行為如何影響別人，但是自戀型人格很難理解，甚至完全不管你的狀況與心情。他們的需要與欲望必須即刻被滿足，你可能因此身陷險境，或是完全受到冷待輕忽。或許你的孩子病了必須照顧，但是自戀者依然要你帶他去購物中心逛街。其實，在自戀者眼中，你提出需求、生病，或者犯錯，都代表了軟弱與缺陷，於是他們**自覺優越，認為貶低他人很合理**。

有些自戀者會流露出傲慢自大的態度，從他們說話、反應與行事風格可以明顯看得出來；有些自戀者懂得該適時表現出同情的態度，然而**這種同情卻帶有目的**。例如，你的主管打電話問候你的病情，真正關切的卻是你何時回去上班。他們表面上看起來在乎，但你會發現其實這種情況很難得，除非關係到他們的利益。

當然。有些自戀者只有在面臨危機時才顯露出本性，將以自我為中心看待外界的觀點展露無遺。

二〇一〇年四月二十日，英國石油公司一個名為「深海地平線」的外海鑽油平臺，在墨西哥灣爆炸，導致十一名工作人員死亡，造成石化產業以及全球史上最嚴重的海洋漏油事故。

對於這起災難及其造成的影響，當時擔任英國石油執行長的唐熙華（Anthony “Tony” Hayward）在五月三十日受訪時說：「我們對這次重大事件造成的影響感到遺憾，我比任何人都希望這事早日落幕。我只想回到過去的生活。」「瞠目結舌」最能貼切形容聽到此話的感受，這樣史無前例的生態浩劫，加上十一條人命，唐熙華卻只想「回到過去的生活」。有時候一場危機反而逼使自戀者顯露本性，說出「世上除我之外，再也沒有更重要的事」之類的話。

與自戀者接觸得越多，就越能看出這種人根本不在意你。他們對你不感興趣，只想要你關切他們的需要與欲望，答應他們的要求。此外，這種人對於別人眼中的自己異常敏感，所以許多時候，他們願意調整或克制自己的行為，試圖改變別人的觀感。但**這種改變只是一時的，到最後他們還是會顯露出本性**。

自戀者表現和善，只是為了達到自己的目的，並不是真心關懷他人。電影《四海好傢伙》（*Goodfellas*）中，幫派分子亨利．希爾（由雷．李歐塔〔Ray Liotta〕飾演）追求未婚妻凱倫時殷勤貼心，帶她上高級餐館，坐在最好的位子、吃最精美的餐點、喝高級美酒，而且不必排隊等候；等到兩人結婚之後，一切都沒了。自戀者會努力並且得到他想要的，那麼當他喝醉回家，身上飄著其他女人的香水味，又有什麼關係呢？妻子怎麼想並不重要，唯一重要的是他認為自己有權這麼做。他的殷勤只為了誘捕獵物，其實心裡並不真的在意。

現實生活裡的金融家馬多夫利用人脈與朋友，來誘使人們加入他的金融騙局。與自戀型人格交際，最可怕的真相就是期望與最後得到的往往是兩回事。你希望得到平等對待，被當成朋友，但自戀者眼中沒有平等可言。**自戀型人格認為朋友有其功能性，存在的目的在於：滿足自戀者他自己的需求**。

最危險的自戀者完全缺乏同情心，自大的程度已接近精神疾病，傷害他人也毫無悔意。他們毫無良知，會榨取或傷害他人的情感、金錢以及肉體。如果你取悅他們，就滿足了他們的需要；若是你惹惱他們，那就毫無存在價值，他們會貶低你甚至毀了你。當我們讀到報導上寫，有些父母禁錮、遺棄或謀殺自己的孩子，只為了能開心參加社交聚會，那麼我們看到的正是**自戀型人格：過度看重自己，無情貶低他人**。

這種漠然常見於現代大都會，以及在美國發生的「擊倒攻擊」現象：被鎖定的受害者（包括老年婦女），都毫無預警的遭到迅速攻擊，然而攻擊者只是為了看受害者是否一拳就立即倒地（通常造成腦震盪）。完全蔑視他人，才會做出這種粗魯無情的行為，這正是自戀型人格的特質。

調戲狂、詐欺犯、猥褻孩童者都是此型人格

由於自戀型人格自認有權為所欲為，覺得不必像其他人一樣努力，會抄捷徑來得到想要的東西，或認為一般規範並不適用於他們。所以你會看到政客出軌、生下私生子，卻否認親子關係（例如美國前參議員約翰．愛德華茲〔John Edwards〕），也有政客把公共基金當成自己的私人金庫（美國前眾議員小傑西．傑克遜〔Jesse Jackson Jr.〕），或是兜售政治職位（前伊利諾州州長羅德．布拉戈耶維奇〔Rod Blagojevich〕）。

有位高階主管告訴我，他曾僱用一位極為能幹的經理，那人後來居然開始調戲女同事，似乎就是無法克制。每個同事都不容許這種行為，但當他們挺身對抗時，這個經理惱羞成怒，堅持自己的行為沒有觸犯工作守則，只是要表現友善。請記住，**自戀者看不到自己犯錯，他們自認有道理**，如果有人指出他們行為不當，只會激起憤怒。

有些**自戀者會編造故事，期望得到他人尊敬**。例如，他們自稱是曾獲授勳表揚的海豹特戰隊成員，卻從來沒在軍中服役過。你當然找不到有力的證據，因為他們的任務是「機密」。假冒成軍事英雄，與那些為國家服務的軍人相比，已經夠差勁了，更糟糕的是假稱醫生、飛行員，或其他專業人士。

第一章

自戀者，他們會一點一點折磨你

一般人總是信任專家，願意交託自己的健康、生命或畢生積蓄，而假冒這些人等於是絕對的背叛，辜負人們的信任，毫無道德可言。在我的經驗中，犯下這類案件的人，以自戀型人格最為常見。

自戀型人格相當擅長哄騙與詐欺，例如德國出生的克利斯欽．卡爾．傑赫茲瑞特（Christian Karl Gerhartsreiter）就是如此。他假冒知名洛克菲勒家族的成員，自稱「克拉克．洛克菲勒」，娶了企業家珊卓拉．博斯（Sandra Boss）並育有一子。但她拆穿了他的謊言並要求離婚，結果傑赫茲瑞特綁架了他們的孩子。**誰會做出這種事呢？**就是**沒有成就，但渴望被認同的自戀型人格**。

有位名叫莎拉的寡婦前來求助，她的案件涉及了州際詐欺行為，觸犯聯邦法律，所以我被指派訊問她。莎拉撫養三個孩子，那時才付完老么的大學學費。她的空閒時間多了，於是注意到，新近來到鎮上的牧師極有魅力又虔誠，他「知識淵博」，很容易就能跟人交朋友。莎拉完全被迷住了。他讓莎拉協助他的「靈性勞務」，為了幫助他建立教會，莎拉領出將近三萬美元的存款，不過在她交出捐款後，牧師就不見蹤影。

我訊問莎拉時，事情已經過了三年了。她仍然為這場財務損失心痛。莎拉失去了大部分積蓄，而她的孩子也很生氣，因為她居然會相信這個騙子，跟其他老太太沒兩樣。莎拉對我透露，她也失去了「心靈信仰」和「對他人的信任」。

自戀型人格把自己看得重要無比，他們會步步進逼、挑戰，不論是人際交往、法律，還是法規和社會規範。他們像是操縱木偶的人，把別人當成自我的延伸，命令、指使、操弄並利用他人來滿足自己的欲望。

比方說約會時，他會調情、挑逗、親吻、愛撫，一切是為了引誘對方和他上床，但他的對象可能希望僅止於某個階段，不希望進展太快或繼續下去。但是自戀型人格認為只要他高興，就能為所欲為，「不」或是「停手」毫無意義，這些字眼像是減速提醒，而不是「禁止通行」，所以會說自戀者欠缺人我界限。

只要有哪個企業執行長隱瞞公司市值或財務狀況，讓員工遭受財務風險，肯定也是自戀型人格。二〇〇一年安隆企業（Enron）崩解，當時是美國史上最大的企業破產案例，傑夫．史金林（Jeffrey Keith "Jeff" Skilling）與肯恩．雷（Kenneth Lay）要負全責，並被法院裁定詐欺。然而對於受騙的股東毫無補償，而且兩萬多名安隆員工不只失去工作，還因為投資了瀕臨倒閉的安隆而損失畢生積蓄。這種事件之所以發生，都是源於**自戀型人格**的典型特質：**為所欲為、自大到令人震驚，而且毫無同理心**。

如果你讀到報導或聽說某個牧師、營隊輔導員或教練猥褻孩童，這絕對是個毫不尊重人權的自戀型人格。你有注意到，**這些人被逮之後都不曾道歉嗎**？因為他們自認有權侵害這些孩子。連續性侵孩童的賓州州立大學退休教練森達斯基，是個把孩子當成私人遊樂場的可悲之人，他從來沒有道歉過。或許他曾是個受敬重的教練，做過不少好事，不過他絕不是好人，這就是自戀者的病態面向。

第一章
自戀者，他們會一點一點折磨你

愛上控制狂，想分手會讓你笑不出來

有時有人會戲稱自己是「控制狂」，要是你曾經遇過控制成性的老闆或伴侶，就知道這一點也不好笑。

有個名叫瑪蒂達的女子愛上了一個英俊男人，他跟她一樣來自拉丁美洲。那男人上班時，瑪蒂達待在家裡，而他管理家中所有支出。剛開始一切還算順利，但一段時間之後，他牢牢控制每一件事，令人喘不過氣。瑪蒂達逐漸厭倦了跟他要錢買菜、買新衣，還有聖誕禮物。可是當瑪蒂達提起這件事時，他會說：「我沒照顧妳嗎？我不是給了妳所需的一切？妳不應該擔心這種事。」

後來，他為了另一個女人離開了瑪蒂達。剛開始交往時，他對瑪蒂達十分大方，之後進而控制瑪蒂達的一切，因此她根本不清楚銀行裡有多少錢，也不知道錢都放在哪。現在瑪蒂達五十幾歲了，還得同時兼好幾個工作，銀行裡沒錢、沒有信用紀錄，也沒有任何預備退休的存款，而那男人全然不理會她的懇求，瑪蒂達的自尊跟她的財產一樣寥寥無幾。

她對我哭訴：「我給了他一切，我一無所有。」這個女子把信任寄託在一個人身上，那人卻奪走她的自由和尊嚴。事情怎麼會變成這樣？很多例子都是如此：**與自戀者生活，就是不知不覺一步步走進深淵。**

自戀者常常尋求能控制別人的職位，所以從事法律、醫學、政治等高層管理職務的人，可以發現比較多的自戀型人格。他們可以利用自己的社會地位與職位，來滿足自己的情感需求。我記得有個前來應徵聯邦調查局職位的人對我說：「只要我拿到調查局的徽章，就沒人敢小看我了。」當然，他走出門後就立刻被回絕了。**自戀者往往會找個能展現權力與權威的工作，用以控制他人**，而不是幫助別人。

總之，不管職位或頭銜的高低，自戀型人格都會用來謀求個人利益。如果你在報紙上看到哪個俱樂部、公司或協會成員是個自我中心的暴君，或某人多年來一直挪用公款，你應該先想到自戀者的特質，他們就是會做出這種事。

自戀型人格的關鍵字

多年來，那些曾與危險人物同住屋簷下、共事，或因他們吃苦頭的受害者接受我的訪談，我請他們描述這些危險人物，而多數人的用詞或許欠缺政治正確的敏感度，也不太清楚臨床或醫學術語，但他們確實受到精神創傷或肉體傷害，因此一切都是發自內心的描述。

以下是未經刪節的用詞，且非出自於我。或許讀者會覺得，有些用語感覺像是形容你認識的某個人。這些關鍵字提供指引，也警告你注意身邊的危險人物：

虐待、演戲、演員、侵略性、不道德、傲慢、**能言善道**、**瀟灑風流**、滿口胡言、欺負弱小、**愛計較**、漠然、變色龍、個人魅力、迷人、欺騙、聰明、冷酷、騙子、縱容、蔑視、控制狂、罪犯、殘忍、狡猾、危險的、欺瞞、不老實、沒人性、可悲的、虛偽、破壞力大、煩亂、盛氣凌人、自我中心、邪惡、**剝削**、毫無畏懼、偽造、詐騙、油腔滑調、好大喜功、浮誇、毫無罪惡感、充滿敵意、冒名頂替、不體貼、冷漠、不忠、不敏感、不誠實、性格鮮明、有趣、令人畏懼、令人厭煩、不負責任、急躁、討人厭、**自視為王**、違法犯紀、騙徒、逞威風、無情、玩弄權術、指使別人、惡劣、迷惑人心、自戀、納粹、精神不健全、騷擾、**寄生蟲**、孔雀、戀童癖、玩家、捕獵、心不在焉、偽裝、濫交、神采奕奕、毒蛇、冒險者、統治者、憤世嫉俗、充滿誘惑力、妄自尊大、膚淺、愛現、滑頭、面面俱到、蛇蠍、偷偷摸摸、表面工夫、騙術、粗魯、易怒、害人、雙面人、暴君、**毫無歉意**、漠不關心、不感興趣、不可靠、肆無忌憚、薄情、卑鄙、**有仇必報**、機敏。

他們會一點一點折磨你，偏偏法律難以約束

在初見面時很難認出自戀者，這些人可能相當聰明、迷人風趣，甚至散發著無所不能的光環。對於那些可以利用的對象，他們會表現得特別有魅力，但終究還是會顯露出本性。

有時候，看到明顯的傲慢、高姿態或吹噓浮誇，你覺得似乎看出一點端倪，感到有點不對勁；這些人有時候可能相當冷淡，一副旁觀者的樣子，讓你感到不快；這種人有時候也會隱藏感情，拒絕提供協助或兌現承諾。不管他們做什麼，都只造成一種後果：你感到迷惘、無法滿足、受到折磨。

自戀者的作風相當微妙又冷酷，像是刻意忽視成就或成果，也對你遭受的痛苦折磨無感。這種刻意的冷漠，會讓你慢慢疲困，獨自品嘗自己的成就或痛苦，而他們對你一點興趣也沒有。**他們明知表現關心會讓你好過許多，但自戀者就是不想見到你快樂**。

自戀型人格的同理心微乎其微，因此他們等同於「半個人」，四處尋找另外一半來讓自己完整。然而等他們找到對象時，一切只會每況愈下，因為誰都沒辦法填滿自戀者的需求。要是你以為有辦法與自戀者相處，那麼你的情緒、心理健康就等著一點一點崩解，有時還會受到身體上的傷害。

這就是自戀者造成的影響：**一點一點的折磨你**。自戀型人格認為你的需要、欲望

只是干擾他的障礙。如果你感到不便、不開心或沮喪疲憊，他們也全不在意。但要是事情沒順著他們的意思，就會看到自戀型人格翻白眼、態度輕蔑、扁嘴、急躁任性、動怒咆哮，甚至翻臉走人，他們像是有著大人模樣的孩子。

與自戀型人格相處，可能馬上就感受到他們的威力；有時像是一把匕首刺進身體，幾秒鐘後才覺得痛（「我剛才沒看錯／聽錯吧？」）。於是半夜兩點，潛意識掌控局面，提醒自戀者的哪些謊言或行為傷害到我們。這些行為或許會勾起疑惑，感到苗頭不對，這種時候我們感到困惑不解，身體不舒服，甚至因此得病或被壓力弄垮。我聽人說過：「只要必須面對這個人，我就會想吐，所以那天我不吃早餐。」

如果你有這些負面感受，請更加注意。**許多人被教導「要原諒、要遺忘」，對家人朋友更要寬大。自戀型人格會利用這一點**，當他下次**再次刺傷你**時，你挫敗的呆坐當場，說不出話來，而自戀者感到優越，滿足極了。這些情緒上的攻擊暗箭會慢慢使你磨損，直到臣服在自戀者腳下為止，或者像很多受害者一樣，你不得不找藉口逃開，躲起來修復傷口。

病態的自戀者會訴諸極端手段，而且法律往往難以約束。曾經有個女子為了家庭問題前來求助，可惜我們能做的有限，只好將她轉介給社福單位。她告訴我們，丈夫每次召開家庭會議，都命令她和孩子坐在地上，而他坐在椅子上，一副高高在上的樣子，彷彿寶座上的國王，指責家裡的大小事。多年來這女子只能和孩子們坐地上，接受指責，被逼得自行認錯。

最後她帶著孩子脫身了，卻花了好大一筆錢，而且她和孩子的心靈都遭受巨大創傷。這是個自戀型人格**貶低家人獲得優越感**的案例，全美各地或世界各角落的執法部門，每天都會接到這種案子，細節或許不同，但目的完全一樣：**犧牲他人，讓自己高於一切**。

就算自戀者沒有貶低你，也還是相當討人厭。我的親友曾經跟我抱怨她的主管：「他走過我的辦公桌，皺著眉頭丟下一大疊工作，搞得文件四散、咖啡灑了一桌。他根本不關心我在做什麼，我的桌子又不是他的垃圾場。他把多少人弄哭，是真的痛哭那種，我都算不清了。怎麼有人做得出來這種事？」

每當我聽說有女子或孩子在公眾場合一再被斥罵毆打，或遭到家暴，我腦海中第一個浮現的是，那家人一定有個自戀型人格，以貶低伴侶和孩子為樂，藉由對家人甩巴掌動粗、毆打，而覺得高高在上。

海妲．那斯鮑姆（Hedda Nussbaum）和她領養的六歲女孩伊麗莎白．「麗莎」．史坦伯格（Elizabeth "Lisa" Steinberg）的案子，提醒我們與自戀者生活會是什麼情況，這種人會在別人看不到的地方凌虐家人，並且逃過法律制裁。那斯鮑姆與律師喬爾．史坦伯格在一九七五年相識，那時她是編輯，史坦伯格在她眼中「如神一般」，她聽從他關於事業發展的意見，但是她與史坦伯格的生活不像天堂。史坦伯格時常批評貶低那斯鮑姆，逼得她像動物一樣在地上爬行，而且幾乎每天毆打她，打到她毀容。

一九八七年，史坦伯格有次盛怒之下拿麗莎出氣，把她打死了。這個悲劇顯示了，一旦**與自戀者生活，長期下來會變得畏縮木然**。檢方認為，那斯鮑姆任由史坦伯格摧殘踐踏，已經無法挺身保護一個無辜的孩子，也沒能幫麗莎找醫生，行為表現出「被毆婦女症候群」（battered wife syndrome）。儘管這是三十多年前的事，現在想想那斯鮑姆和麗莎的經歷，依舊讓人痛心。

不是每個遇到自戀者的人都會跟那斯鮑姆和麗莎一樣。但請記得這一點：我訪談過的，每個與自戀型人格交往的人都說，無論如何，在這種人底下，你不可能有自己的意志，只是情節輕重不一。那是種什麼感覺？受害者的說法是：「渺小」、「輕賤」、「低下」。這樣還不夠嗎？

自戀型父母堅稱一切都為孩子好

自戀者無法表達出我們所理解的「愛」，在他們**眼中，愛有條件，要看情況而定**。換句話說就是：「我會為你做這件事，但期望你給予某些回報。」**對於自戀者來說，愛是對價關係，以物易物，絕不是無私的行為**。

曾與自戀者陷入情網的人總會告訴我，這人一開始時有魅力，體貼又瀟灑，讓人迷醉，就像電影《四海好傢伙》裡亨利．希爾追求凱倫的經過。多數人都無法抗拒自戀者的個人魅力和風範，但是等到你深陷兩人關係，這樣的魅力會迅速消退，只剩你迷惘不已，過去那個完美情人不見了，眼前只見這個冷漠的伴侶。

在家裡，這些人可能會要求大家在他進門時，停下手邊的事；如果他們留在家裡沒上班，那麼你就得時時刻刻迎合他們的需求，**但不管做什麼，永遠都不夠**。

自戀型伴侶永遠不會滿意你的外表、習慣、品味、參與的活動和能力。他們的批評可能是私下嘮叨「什麼樣子嘛」，或者在私下或公開場合羞辱。我問過一位常常遭受伴侶批評的女子，她的回答非常中肯：「每一天。我與他生活的每一天。在他眼中，我從來沒把哪件事做對，他還教孩子罵我、嘲笑我。」

我有個現已離婚的朋友，告訴我他花了好幾小時尋找合適的禮物送給前妻。等他終於把禮物獻上，妻子卻直接扔在檯子上，說了「謝謝」，甚至連包裝盒都沒拆，彷彿他只是拿來一杯水。這件事似乎不算嚴重，但她多年來一向如此，這也證明了一個事實：她一點也不在意他，只想利用他發展事業（這是我朋友後來發現的）。

想讓人覺得自己一文不值時，踐踏他們的努力、忽視他們的好意、漠不在意——這就是自戀型人的做法，令人痛苦。

此外，自戀型人不計代價只求外表光鮮亮麗的作風，很可能為身邊的人帶來災難。梅麗安的遭遇就是這樣，她的丈夫遷居海外，沒留下半毛錢給她，於是梅麗安請求聯邦調查局協助，追查她丈夫，並拿回他從共同帳戶裡帶走的錢。

第一章

自戀者，他們會一點一點折磨你

梅麗安表示，她丈夫十分堅持在更好的地段買更貴的房子、更好的車、更昂貴的珠寶，同時還保有兩處鄉村俱樂部的會籍。可是當他開始要她減少出遊、放棄度假、少給孩子買衣服，事情就不對勁了，梅麗安說，刪減伙食費是最後一根稻草。因為同時間，丈夫依然**花了近三千美元來繳交俱樂部的費用，卻要求她節省**。沒有工作的梅麗安，終於逼問丈夫到底發生了什麼事，他轉身、輕描淡寫的對她說：「我們破產了。」銀行戶頭裡已經一毛都不剩。

儘管他欠了好幾百萬，依舊需要保持形象來滿足自戀需求，每週保養頭髮和指甲、繼續繳交兩處俱樂部的會費，而梅麗安必須撙節家用，暗自「焦慮和恐慌」。最後她丈夫乾脆逃到國外，留下她不知所措，因為有幾筆貸款她是連帶保證人，身無分文還得收拾爛攤子。

等她接到一通又一通的電話，不是催繳債務，就是律師來電，才發覺丈夫的冷淡無情委實讓人心寒。等到梅麗安終於找到丈夫下落，他卻回答她：「我什麼都不欠妳。**這些年多虧我，妳才能**過著相當不錯的生活，住在高級社區，妳該感謝我才對。」

金的故事也同樣可悲，只是情節不同。那時我出席活動致辭，她為了一些私事想來請教我。長她九歲的丈夫胸懷大志，熱情積極的追求她，最終她和父母都為他的「熱情」與「毅力」軟化了，金期待與他生活，一起實現對於人生的願景。

金告訴我，結婚之後她不管做什麼都無法滿足丈夫。一開始他私下侮辱她，說她

「無知、愚蠢、笨」，沒多久就變成公開羞辱，只為了讓她感到窘迫。他在政壇的失敗也怪罪於金，完全沒想到自己毫無執行能力，做什麼都一事無成，這是金和她父母後來才看出的。

她的朋友一個個離開，因為**丈夫不允許「不稱頭」的人與她來往**，每次聚會都搞得客人不高興。金告訴我，十多年來朋友都不再造訪，她也極少出門，以免別人看出他的問題，以及暴露這段糟糕的婚姻關係。

孩子的成長過程中，也同樣遭到他的嚴厲批評，她不願意插手，除非「孩子被打得太過分」。多數時候金對他的「言語攻擊」充耳不聞，因為她認為「不值得」折磨自己跟他打交道。金說：「沒有什麼好爭、也沒有什麼好保護的。」

金沒有遭到拳打腳踢或是棍棒毆打，卻日日夜夜受到羞辱。二十幾年前的照片中，她看起來充滿活力、美麗快樂、容光煥發。但當我遇到四十幾歲的金，這麼多年來過的是什麼樣的生活，完全呈現在她的容貌上——情緒與生理都極度枯萎疲憊，看起來像是被擊垮了。金與梅麗安都告訴我同一件事：「要是我早點看出來就好了。」

如果自戀型人格當了父母，他們完全無法給予孩子需要的情感照顧。他們的性格理想化了自己，於是同樣**期望看到完美的孩子**，**要求孩子做到最好**，也不管孩子喜歡或擅長的到底是什麼（於是孩子可能會盡量努力，贏得父母的認同）。

自戀型父母會不斷提高標準（「你為什麼沒有得A？」、「太糟了，你居然沒進校

第一章

自戀者，他們會一點一點折磨你

隊。」、「我知道你可以做得更好。」）請想想在選美場邊的母親、在足球場邊嘶吼的父親，會要求孩子就讀父母的母校，或是加入相同兄弟會與姐妹會，他們**把孩子當作自我的延伸**。

這些家長也可能利用孩子為自己帶來名利，像是逼著孩子贏得選美競賽或體育賽事，讓孩子上電視，或進行公眾活動及有收益的活動。這些父母絕不會承認自己想出名，堅稱一切是為了孩子好。對這些人來說，鎂光燈終究得落在他們身上，就算中間得經過自己的孩子，但亮度可不能黯淡下來。

我在一次行為科學研討會中碰到一個女子，她幼時被自戀型母親硬逼著成為體育選手，讓她心靈受創，長大後再也不跟母親聯繫。她感到「被母親利用了」，這成了母女間的感情鴻溝。

如果孩子不夠好學、不愛運動、不夠美麗或不夠聽話，這些父母會開始冷落孩子，最後**孩子可能被當作是負擔，而非帶來快樂的泉源**。

有些自戀型父母把孩子當成使喚的對象，卡利娜就是這種母親。她五十歲時開始收養她口中「低下階級」的孩子，教他們做家事。她還告訴這些孩子（有時是當著外人的面），他們應該照顧她到老，因為是她「拯救了他們」，所以他們「虧欠」她。這種人如此輕易的貶低他人，真的很令人痛心。後來處理這件案子的臨床醫師表示，這些孩子總算跟這個自私的女人脫離關係，但是身心都遭受創傷。其中一個孩子對公設辯護人說：「即使住在孤兒院也沒這麼糟，我就算得不到愛，至少也不會被當成奴隸。」

沒錯，《灰姑娘》可不只是童話。

還有更糟的例子，有些沒舉報的案例中，自戀型父母撒手不管，也不盡撫養義務，於是孩子得忍受沒有食物與醫療的生活，被綁在床上、鎖在房裡、送去領養，甚至遭到殺害。

看到這些孩子拚命贏得自戀型父母的關注，實在讓人心碎。然而，這些父母只是施捨幾分鐘或幾小時的關注給孩子，孩子永遠不能理解，為何父母的愛和他們期望的差很大。要等到這些孩子長大成人，才看出自己得到的微乎其微，而且得付出許多代價，還有不少附帶條件。儘管他們遭遇困擾，父母也只會扔下幾句「撐過去」、「沒有這麼糟」，或「少當愛哭鬼了，這跟我碰上的哪能比」。

艾曼達由自戀型母親帶大，不過這層情感創傷至今尚未平復，她曾寫信徵求我的意見，也看了我寫的幾本書。如果問她，她馬上會說：「我小時候從來沒被愛過。」從來沒有。這樣的童年有多麼可怕。她覺得自己不可能討母親歡喜，事事都做錯，母親總是質疑、命令，從來不關心也不探究艾曼達的需求、願望或欲望。艾曼達很想明白，為何自己感到如此空虛。一切都可以追溯於她童年的遭遇：因為她從沒被當成一回事。

艾曼達的例子提醒我，**童年創傷會一再掀起：母親節禮物該送什麼**給這個批評成性的人？**父親**似乎一點也不在意你，**生日卡該怎麼寫**呢？如果你搬出去住，**該多久回去一**

次，拜訪那個從不尊重你、看起來也不愛你的人？他們老了之後，你要負責照顧嗎？父母的葬禮上你該說什麼、做什麼呢？你要出席嗎？

如果父母毫無人我分際的概念，帶大的孩子恐怕也一樣，因為這種父母過度縱容自己，於是父母的自戀傾向也內化到孩子身上，一代一代傳下去。沒錯，孩子會從父母身上學到冷漠態度，長大之後對待他人也毫無同情與尊重。你可以把孩子教得討人厭、詆毀他人而感覺良好。那麼等這些孩子成為青少年或成人，開始霸凌他人，就一點也不奇怪了。我們既然種下了雜草又澆水，怎麼能期待會長出花朵呢？

如何對付這種人？寫下事實的經過

無論他們是為了升遷而在背後暗算你，或在開會時貶低你，甚至是排隊結帳時插隊，**這種人讓人不便、受驚，或者是發怒都不在意**，他們只在意自己。

每次我聽說有老闆、經理、教練、老師或同事，對周遭人大吼、叫囂、怒罵、尖叫、亂丟東西或霸凌他人，我就知道這是個自戀型人格。**這些行為毫無正當理由**，而容忍這種人的公司或學校是可恥的。**行為有如幼童的成年人，會對周遭造成嚴重傷害。他們的權力越大，所造成的災難與規模就越慘重。**

自戀型人格的自我過度膨脹，所以會連帶覺得很多東西也屬於他們。某件我經手的案件中，有間處理高度敏感和機密資料的政府承包商，因為電腦系統管理員控制了公司的電腦，尋求我們協助。這人與主管的對話內容顯示，他一再吹噓自己多麼重要，以及「我做了」這件事或那件事，他常常堅稱這些是「我的系統」、「我的網路」、「我的程式碼」、「我的網路協定」。當然這些都不屬於他，他只是個職員，不過他的用字遣辭充分顯示了自戀性格。

最後，外部專家不得不介入，花上好幾小時重掌系統，這就是自戀員工可能引發的問題。這可能是你的公司、你的資產，或是你的工作，但他們並不這麼認為，自戀者認為屬於他們，並且置你的權益於險地。到最後，為自戀型人格的逾矩行為買單的是我們，而且往往造成身體、心理、財務受到重創。

自戀不只展現在占有欲，也可能提升成暴力行為，但往往沒有報警處理。像是老闆對你丟東西、抓住你的手臂，或擋在門口，並把一名部屬推回他的辦公室（我在研討會獲知的案例）。更讓人憂心的是，這名員工從來沒有對公司報告這個情況。**這種事不是第一次發生了，也不會是最後一次**。他曾經如此對付別人，但這個員工說：「我們已經習慣他這樣霸道了。」

不幸的是，**一般人常常輕忽或無視這類誇張行為**，總認為這種人「也沒那麼壞」、「不會再發生了」。或許如果這種惡霸碰巧就是老闆，**容忍比處理容易**。

於是，員工忍受霸凌，讓自己被踐踏，真正的問題被掃到地毯下，因為不想冒著被輕視的風險，沒人敢提出好點子，有價值的員工最後受不了於是辭職。有時，自戀者的異常行為過分到別人必須幫他們遮掩，或者誤以為這些越界行為是合理的，並原諒這些自戀者，因為他們「太優秀了」或是「多數時候還算正常」。一點也不，抱歉，完全不合理，這種可惡而無理的說法，會讓你付出沉重的代價。

這種事件應該盡可能當下就呈報上去，人資部門得馬上得知此事。如果你為了某種原因無法舉報，請馬上記下這個事件，可以記在日曆上、寄電子郵件給他人或你自己、記錄在手機上，哪都可以，**寫下事情的確實經過：說了什麼話、時間與地點**。為什麼要這樣做？因為這些人不會改，如果情況更加惡化，事件被送交評估，或甚至必須打官司，**贏家往往是記錄最詳細的人**。自戀者不可能記下，「我今天推了某某人」或「今天我罵某某人是＿＿＿＿」。他們不覺得自己這樣做有什麼不對，但你應該記下來，並且告訴別人。

某次我在維吉尼亞州參加研討會，主題是危險人格，會議結束時有位高階主管走向我，因為他老闆無法親自出席這次會議，問我是否能打通電話給他老闆。**他們有個「問題員工」符合危險人格的標準**，這位主管覺得我應該跟他們執行長談談。後來在前往機場途中我撥了電話，那次對話內容十分令人震驚，這名員工的行為已經嚴重到無法控制，威脅到公司的償債能力。

執行長告訴我一個又一個揪心的故事：這人根本濫用公司信任，盜取客戶個資，還有客戶及部分員工的信用卡資訊，甚至是公司營運計畫的關鍵策略數字，以及其他更多機密。過分的還不只如此，這名員工居然變相威脅執行長及其他高階主管，要大家聽他的，否則就要洩漏他手中的機密。

執行長試過許多辦法來安撫這名員工，但沒有發揮作用。事實上，他們努力求和反而助長了自戀者的氣焰，這位執行長甚至必須尋求家庭醫師和精神科來處理他的焦慮。當然，這位自戀員工倒是過得挺好。

執行長說，狀況已經持續了大約一年半，我問：「他是你的部屬，他讓每個人都受不了，搞得你心煩到要生病了，而他手中握有個人資料以及公司財產資料，是這樣嗎？」

「沒錯。」執行長答道。

「那麼為什麼不趕他走？」我問。

「**我本來以為情況會改善**。」不了解自戀者人格的人，常常以為事情會有轉機，實在是天真無知，**那是不可能的**。

我還曾聽過高階主管說，他們因為對方太過惡劣與自戀，放棄整筆生意。這名高階主管和部屬，甚至無法忍受與對方共處一室，連通電話也受不了。每次他們都以為事情會有所改善，但是並沒有。其實根據我聽說的這類故事，糟糕一點的甚至有人因此生病。某家運輸公司的老闆告訴我經歷這種事件的感想：「喬，沒有哪筆生意重要到讓我手下大將病倒，更不值得讓我時時刻刻提心吊膽，想著該不該相信這人。所以我不幹了，而且我很慶幸做了這個決定。」

當自戀者爬到掌握大權的高階職位，或是成為深得信任的專業人士，這種情況下，濫用權威或是侵犯職權，就可能帶來毀滅性的後果。比方說，一個會撒謊、詐欺、偷竊的警官；自認能決定他人生死的醫師；或是性侵兒童的教練。這些人能造成的傷害會嚴重好幾倍。

伊利諾州迪克森市（Dixon）的審計長麗塔・克朗德威爾（Rita Crundwell）就是個例子。她在二十二年間盜用公款達五千三百萬美元，並於二〇一二年認罪。這是一筆難以置信的巨款，其中有部分是拿來維持她的賽馬培育場。她受到人民託付，主持市政財務，然而她卻把市政基金當作個人帳戶，挪用大筆金額。

政府官員貪汙事件我們時有所聞，不過自戀型人格可以隱身在任何地方。比方說加入了某個自戀型人格領導的宗教團體，那麼接下來的生活肯定是絕對崇拜這位領導，追隨者必須持續的奉獻。至於我看過的**邪教，每個領導人都是病態自戀型人格**，像是蓋亞那瓊斯鎮的吉姆・瓊斯、大衛教派的大衛・柯瑞許（David Koresh）[10]、查爾斯・曼森（Charles Manson）[11]、麻原彰晃（奧姆真理教）[12]、太陽聖殿教的約瑟夫・迪馬布羅（Joseph Di

10 大衛教派分支的領導人，挾持信徒與警方對峙，最終只有九人存活。
11 犯罪團體「曼森家族」首腦，和其團體犯下多起殺人案。
12 奧姆真理教主，策劃在東京地下鐵施放沙林毒氣，造成十三人死亡、超過六千人受傷。

Mambro）[13]、天堂之門的小馬歇爾・阿普爾懷特（Marshall Herff Applewhite Jr.）[14]、奧修啟蒙運動的奧修（Bhagwan Shree Rajneesh）[15]，和主張一夫多妻的虐童犯華倫・傑夫斯（Warren Steed Jeffs）[16]，這些人都是惡名昭彰的自戀者，不能容忍批評，且宣揚浮誇不實的理念，自認凌駕於法律與其他人之上。這些人販賣代價高昂的美夢，但信徒就是願意付錢。

一九九八年十一月，是天堂之門在加州集體自殺一週年、蓋亞那瓊斯鎮大屠殺二十週年，聯邦調查局的犯罪剖繪員在維吉尼亞州匡提科（Quantico）聚會，探討吉姆・瓊斯和他的邪教組織人民聖殿的相關事件。這一天給我很深刻的感觸，即使我已熟讀這件許多年前發生的慘案，然而看到案發現場的照片裡，幼童與嬰兒的浮腫屍體散落四處，讓我對這個屠殺案、對於牧師吉姆・瓊斯和自戀型人格，都有了新的看法。

如果想進一步了解這個案件，可以在網路上的聯邦調查局虛擬閱覽室找到這件大屠殺的實際調查，案件代號為眾議員李奧・瑞恩命案（Murder of Congressman Leo Ryan, RYMUR FBIHQ file number 89-4286）。

如果你讀了數千頁的聯邦調查局線上報告，或是關於吉姆・瓊斯和人民聖殿教的多本著作，會看到幾個特別顯眼的教訓：

❶為數驚人的信徒願意無條件將性命交託給某個人。

❷ **以宗教作為幌子，危險人物就能長期躲避外界檢視**，並且得到大量利益。
❸ 教派領袖完全掌控追隨信徒的生命，彷彿極權政體。
❹ 反覆進行心理和身體虐待，**阻止任何成員脫離教派**。
❺ 對於教派存有疑慮的信徒家人和朋友，儘管試圖幫助或救援，卻一直遭受阻撓。
❻ 邪教領導者具有明顯的自戀型人格，瓊斯的發言和書信就是證明，教派成員應該及早看出這個警訊。
❼ 只有少數的教派成員能看出領導者的真面目，注意到那些行為惡劣與危險的自戀型人格。
❽ 信徒一旦加入並效忠於邪教領導人，便拒絕正視任何可疑的危機，甚至就算自己的孩子有了生命危險，也不願反抗自戀型人格的逼迫。

瓊斯鎮大屠殺一案的犯罪剖繪特別發人深省，因為我們看到了大量證據支持，過去

13 太陽聖殿教創始人之一，向教徒宣揚死亡可脫離現實之苦，造成七十四人集體自殺。
14 天堂之門領導者，教義鼓吹集體自殺，造成三十九人死亡。
15 居於印度的性靈運動導師，對於性的開放態度常引起爭議。
16 曾為耶穌基督後期基本教義聖徒原教旨教會的領袖，教義允許一夫多妻，甚至安排未成年少女與年長男性通婚。

多起邪教領導人都具備自戀型人格（例如大衛．柯瑞許、查爾斯．曼森、小馬歇爾．阿普爾懷特），而他們對信徒造成極大的危害。我們的分析顯示幾個事實：

❶ 邪教領導者會持續吸引那些無法（或不願）分辨的信徒，進而加以剝削與利用。

❷ 邪教會利用心理、社會與人身安全各方面威脅，來阻止信徒脫離，而這種源於恐懼的順從可以延續許多年。

❸ 教派必須與世隔絕，這是自戀型人格掌控教派，並**免於接受批評、嘲弄、監督**的關鍵。

❹ 自戀型人格樂於擔任邪教組織的領導，因此會想盡辦法維持領導地位，包括孤立或毀滅任何反對勢力。

❺ 擔任邪教領導者的自戀者不受規範，因此比信徒享有更多特權（像是旅遊、華服、奢侈品、性愛）。

❻ 擔任邪教領導的自戀型人格聲稱，通往美好生活的一切答案和祕密就掌握在他手中，他能為一切事情做決定。

❼ 由於美國憲法保障宗教與各種自願性組織，除非教派活動明顯違反州法律或聯邦法律，否則執法機關幾乎無法干預。大多數邪教活動都是祕密進行，因此執法者不可能介入，像是二〇〇六年在猶他州南部，耶穌基督末日聖徒教會的華倫．傑夫斯與未成年

少女發生性關係，以及瓊斯鎮慘案，警方介入時悲劇已鑄成。

以上是我們對邪教的觀察，如果你仔細想想，很多類似特質（保密和隔離、心理跟身體虐待以摧毀自由意志、由一人掌握絕對權力）可見於險惡的工作環境或公司、獨裁性格控制的家庭，或甚至是國家。

第一章
自戀者，他們會一點一點折磨你

歷史見證了病態自戀者可以造成大規模的災難。希特勒（Adolf Hitler）、史達林（Joseph Stalin），還有柬埔寨獨裁者波布（Pol Pot）都是自戀型領導人的例子，因為他們極端而荒謬的信仰，認為只有自己掌握解答，於是殘殺了數以百萬計的生命，他們的案例會在後面章節更進一步討論。

不過，為了讓讀者了解**自戀者內心的邏輯**，這裡有個十分可悲但也相當可笑的例子。史達林的殘忍程度無與倫比，從他無數的官方與榮譽頭銜可以看出，他渴望受到崇拜的程度也像個無底洞。這些頭銜包括：蘇聯大元帥、最高總司令、國務院國防主席、布爾什維克黨中央委員會總書記、蘇聯共產黨中央委員會總書記、蘇聯人民委員會理事會主席、科學的指揮（the Coryphaeus of Science，字面意思是「合唱團團長」）、國家的父親，以及「人性的耀眼天才」。他用這些頭銜來掩飾平凡的出身：約瑟夫・維薩里奧諾維奇・朱加什維利（Iosif Vissarionovich Dzhugashvili）。他後來放棄這個喬治亞國的平民名字，改為史達林，原意為「鋼鐵之人」。**這就是典型的自戀者，即便他們出身寒微。**

自戀型人格檢核表

自戀型人格的警訊

前文提到過，我以多年辦案經驗設計出不同的行為檢核表，以便評估辦案對象是否屬於危險人格。這些詳細精確的檢核表，能幫助你分辨對方是否屬於自戀型人格，而且落在光譜的哪一處（從傲慢、令人厭惡、冷淡、粗魯無情，到凌虐以及危險的程度），協助你精確判斷該如何對付此人，研判此人的自戀程度，是否會對你或他人構成威脅。

本章以及其他章節的檢核表是專為日常使用而設計，適合未受過心理健康專業訓練的一般大眾使用。這不是臨床診斷的工具，目的是教育、告知、證實你看到的與經驗過的事實。

仔細閱讀檢核表上每個陳述，符合的請打勾。請對自己誠實，回想你聽到這人的言語、看到他的行為，或旁人告訴你的事件。當然，最好的證據來自你的觀察，以及當你與此人相處時的感受。

只勾選適用的陳述。**不要猜測或自行延伸，只選擇完全符合條件的選項**。如果不確定，請勿勾選。有些陳述似乎一再重複或看來類似，這是特意如此設計，

第一章

自戀者，他們會一點一點折磨你

意在捕捉不同行為的細微差異。

請務必從頭到尾勾選完整張檢核表，這樣才能提高效度。檢核表的內容完全涵蓋各種隱微但關鍵的問題，或許你可能從來沒想過，不過有些陳述可能會觸動你早已遺忘的事件。就算是頭幾項陳述並不符合，或者你覺得已經足夠了，無論如何都請仔細讀完每一條陳述。

檢核表中會交替使用性別代名詞（他或她），這些陳述也適用於不同性別。結束之後會計分，現在請勾選符合的陳述。

□ 1. 表現出超乎自身經驗與職位的重要性，或期望他人給予遠超過他應得的器重或待遇。

□ 2. 他的自我形象浮誇，或是以為自己無所不能。

□ 3. 總是表示他要迅速成功，因此需要領導他人、控制、行使權力。

□ 4. 自認只須與「特殊」、「成功」、「地位高」的人物交際。

□ 5. 需要別人給予過多的稱讚與崇拜。

□ 6. 時時刻刻都認為自己有權得到特殊待遇，期望他人把自己放在第一位。

□ 7. 與人交往時總是剝削他人，並利用他人謀取私利。

- ☐ 8. 欠缺同理心，無法理解他人的需要或痛苦。
- ☐ 9. 總是嫉妒別人，或認為別人都嫉妒他。
- ☐ 10. 態度舉止高傲。
- ☐ 11. 認為自己的問題比較特別，比別人的都要嚴重。
- ☐ 12. 誇大自己的特權，因此自認有權鑽漏洞或違反法律。
- ☐ 13. 過度自我中心，一切以「我」為出發點，讓人受不了。
- ☐ 14. 對於別人眼中與心中的自己過度敏感。
- ☐ 15. 不時惹怒你或讓你心煩，別人也有同樣的抱怨。
- ☐ 16. 定時修飾美化自己的外表，寵愛自己，而且在這方面花費過多時間。
- ☐ 17. 習慣高估自己和自己各方面的能力。
- ☐ 18. 常常貶損他人，認為別人低下、無能、毫無價值。
- ☐ 19. 對於別人極少展現同情或同理心，但期望他人同情自己。
- ☐ 20. 在許多場合都無視他人的需要，像是飲食（食物、水等）、物質（住所、服裝等）、情感（表現愛、撫摸、擁抱等），以及財務需求。
- ☐ 21. 別人成功或得到認可時心中不悅。
- ☐ 22. 被人當成霸凌加害者。

- □ 23. 與你交談時只顧自己說，不關心你的反應。
- □ 24. 需要成為人們關注的焦點，因此想盡辦法吸引他人注意（例如遲到、講話誇大、奇裝異服，或是華麗出場）。
- □ 25. 與你溝通時，感覺像是她在宣布消息，溝通過程完全是單向的。
- □ 26. 認為別人就像他一樣，把他當作重要人物。發現別人並非如此看重他時，會很震驚。
- □ 27. 堅持擁有最高級的事物（房子、車子、電器用品、首飾、衣服），即便那超過她所能負荷的程度。
- □ 28. 似乎很難理解深層的情緒，當碰到需要流露豐富情感的場合，她卻表現的很冷淡。
- □ 29. 需要隨時控制別人，要求別人展現絕對的忠誠。
- □ 30. 把別人當作物品，任意利用、操控、剝削。
- □ 31. 屢次遊走法律邊緣、侵害隱私、侵犯他人祕密，或違反社交禮儀。
- □ 32. 眼中只有自己的困擾，多次忽視別人的困擾與難處。
- □ 33. 似乎缺少利他性格，每件事都是為了自私的目的而進行，極少做出為他人好的事。

□ 34. 即使他從來沒做出任何成績，卻表現得像是有成就的重要人物。
□ 35. 習慣吹噓個人成就、功績或經歷。
□ 36. 別人談到成就時，他會吹噓自己的成績，或主導談話，讓別人也贊同他的成就。
□ 37. 認為自己有權獲得成功、名聲、財富或性愛，就算違反法律、道德或倫理也無所謂。
□ 38. 工作時，習慣與同事競爭以得到注意或讚美，並貶低同事來取得主管的青睞。
□ 39. 受到批評時，會缺乏安全感並意圖反擊。
□ 40. 行事專橫，不想理解別人的想法、計畫或考量。
□ 41. 自認以及表現得無所不能，不承認自己的缺點與脆弱。
□ 42. 表面看起來十分迷人有趣。
□ 43. 假裝成專業人士，例如醫生、軍官、太空人，或海豹特種部隊成員。
□ 44. 初次見面時非常有趣、好相處，但是過了一段時間後，會逐漸榨乾你的能量或樂趣。
□ 45. 讓你覺得，如果你的杯子空了，那麼你也必須斟滿她的杯子。

- [ ] 46. 貶低你或你的工作，讓你自覺毫無價值，不考慮你的感受。
- [ ] 47. 對別人的成功模式很好奇也感興趣，但不願付出同等的努力與犧牲。
- [ ] 48. 幻想著取得極高（政治地位）成就，但手段卻不合法。
- [ ] 49. 一心想著獲得社會認可或政治地位，採用什麼手段都無所謂。
- [ ] 50. 不停買些昂貴或價值不菲的東西犒賞自己，卻不肯對家人做同樣付出。
- [ ] 51. 一直瞧不起別人的表現能力和執行力。
- [ ] 52. 認為自己比他人優越，不論智力、能力還是外表。
- [ ] 53. 喜歡貶抑別人，讓自己感覺高人一等。
- [ ] 54. 曾公開貶損辜負他期望的人，包括自己的孩子。
- [ ] 55. 對你不感興趣，不想了解你，對別人也缺乏好奇心。
- [ ] 56. 有時會表現出冷淡或疏遠，讓你開始猜測她的真實面目，自忖其實並不了解她。
- [ ] 57. 與他人互動時，將許多行為如換座位、轉身、檢查手機或看手錶解讀為冷淡，因此感到被冒犯或激怒。
- [ ] 58. 蔑視那些他看輕的人，而且態度傲慢。
- [ ] 59. 只有能幫她做事的人才會得到讚許。

□ 60. 由於他太過自我與浮誇，因此人際關係始終不好。
□ 61. 自認擁有特殊知識或獨到眼光，並且不時在言談中展現。
□ 62. 個性使別人覺得不耐煩或討厭。
□ 63. 非常不恰當的誇耀自己的成就。
□ 64. 談話時不停出現「我我我」，但渾然不覺。
□ 65. 自認有理，不需要受到檢視。
□ 66. 儘管取得成功是靠別人的幫忙，她卻鮮少提到這點。
□ 67. 以「次等」或「毫無價值」評論他人或團體。
□ 68. 特別喜歡使用古柯鹼，藉此強化他的浮誇程度、能力或自我價值。
□ 69. 自稱是具有無窮魅力的調情高手，吹噓戰績。
□ 70. 討厭丟臉或在公眾前出糗。
□ 71. 似乎不會對任何事感到內疚，對她做錯的事從不道歉。
□ 72. 不論問題多複雜，都自信能給出答案或解決方式。
□ 73. 相信自己一定是對的，其他人都是錯的。
□ 74. 不同意他的意見便被看作是「敵人」。
□ 75. 以欺騙、詐術、陰謀、盜用，或其他白領犯罪模式取得成功。

- □ 76. 常常毫不讓步、極為嚴厲、對他人無感。
- □ 77. 試圖控制他人的行為或想法。
- □ 78. 對自己的親人或伴侶展現強烈占有欲，干涉他們的自由，討厭外人或朋友來訪。
- □ 79. 展現的同情其實非常短暫、表面，或只是演給他人看的。
- □ 80. 面對嫉妒或競爭的對象，會明顯展露想摧毀或破壞對方的企圖。
- □ 81. 他拒絕正視或認可你感到自豪的成就，也不承認他人的痛苦與苦難。
- □ 82. 遭到批評會想要報復、中傷、反擊、大發脾氣，或變得粗魯無情。
- □ 83. 工作中不能受到打擾，認為這會干擾「思考」、「規畫」、「人際交流」、「研究」或「準備」。
- □ 84. 為了打入「相襯」的場合，與「對的人」交往，所以加入了經濟能力無法負荷的俱樂部、購買高爾夫球會會籍，或參加某些組織。
- □ 85. 經常看到別人的缺點，卻看不到自己的問題。
- □ 86. 討厭被批評，就算是善意的評論也不喜歡。
- □ 87. 看到別人的問題，會認為對方低下、軟弱，或無能控制衝動。
- □ 88. 一貫吹噓或炫耀自己買的昂貴物品（首飾、玩具、房產、汽車等）。

□ 89. 工作時一再誇大自己的價值和貢獻。
□ 90. 非常擅長看出別人的弱點，並且迅速加以利用。
□ 91. 這種人的人際關係帶有寄生與剝削的特質，利用他人獲取金援（儘管身體健康有工作能力，卻拒絕工作或分攤費用）。
□ 92. 不只一次表示，他自小便覺得「命中註定會成為偉人」。
□ 93. 高度依賴外界的敬意和崇拜，而且會故意引導別人稱讚他。
□ 94. 不擅長傾聽，或是只聽得進恭維的話。
□ 95. 要求別人配合她的需求做出改變，不管別人是否方便或必須犧牲利益。
□ 96. 生性狡猾、操控他人，總是占盡便宜。
□ 97. 不會以關注、感激、和善來回報別人。
□ 98. 侮辱他人，以建立優勢、支配或控制。
□ 99. 以假學歷或假學位自我吹噓（例如自稱有博士學位）。
□ 100. 就算是手頭拮据或已經破產，依舊保持表面上的浮華生活。
□ 101. 始終不曾以別人的角度來看事情，欠缺對他人展現同理心的能力，看不到別人的需求或欲望。
□ 102. 喜歡與名人往來，而且引以為榮，或喜歡提到自己認識的名人。

第一章

自戀者，他們會一點一點折磨你

☐ 103. 認為不是每個人都有資格跟她來往。

☐ 104. 情感交流停留在表面，厭惡別人為了「微不足道」的情緒困擾煩他。

☐ 105. 可能害羞孤獨，但依舊表現傲慢，自認優越或獨特。

☐ 106. 提到過去與他的成就便說謊，或者隱瞞、不主動告知曾經有犯法與違反道德的行為。

☐ 107. 如果別人沒能表現出絕對的忠誠，他會非常憤怒。

☐ 108. 刻意讓你或他人等候，或延長會議與談話，造成別人不便。

☐ 109. 即便工作津貼或福利十分優厚，也從來不覺得感激或滿意。

☐ 110. 也不管別人正忙，或是正在處理更重要的事，就理所當然的麻煩別人一堆瑣事。

☐ 111. 太過在意外表，執著保持青春體態，因此過度健身、追求體能極限、利用美妝或是整形手術來達到目的。

☐ 112. 一再外遇，只為了證明自己的性魅力。

☐ 113. 別人的推崇愛慕，帶給她絕大的樂趣。

☐ 114. 以欺騙他人為樂，連父母，朋友和同事都受害。

☐ 115. 不認為別人的成功值得高興，認為沒什麼了不起，或是妒恨他人的成功。

- □ 116. 只要關係或友誼無法帶來社交或金錢利益，就會斷然結束。
- □ 117. 積極尋找能幫他成功的妻子或伴侶，達成他的事業野心或政治企圖。
- □ 118. 會詳細規畫整天（或是某活動）的流程，企圖得到注意與好評。
- □ 119. 無法感受到身旁別人的需求、願望、欲望。
- □ 120. 對他人不耐煩。
- □ 121. 談論自己或他的理想時說個沒完。
- □ 122. 她說起個人問題或是自己的考量時總是添加不合宜的細節，或是過度冗長，全然不覺時間有限，也不管他人的感受。
- □ 123. 總是出口傷人，但從未顯示悔意。
- □ 124. 這些形容詞很適合描述她：勢利、輕蔑、傲慢、愛指揮。
- □ 125. 批評遵守規則或是耐心排隊的人。
- □ 126. 似乎從來不感到難過，也從未顯露過悔恨悲傷。
- □ 127. 只在意是否會被逮到或在公開場合丟臉，全不在乎道德與否。
- □ 128. 即使相識多年，你依然認為並不了解這個人。
- □ 129. 要求家人或朋友說謊掩護他。
- □ 130. 不肯認錯，提出爛點子也不認帳。

計分

- ☑ 依據檢核表開頭提及的評估方式，看看此人符合的陳述有幾項。
- ☑ 如果此人具備上述15到25項特質，他或許偶爾會對他人發洩情緒，不易相處，也很難共事。
- ☑ 如果分數是26到65，代表此人具備並表現了自戀型人格的所有特質，讓身邊的人受影響，需要專業人士幫助。
- ☑ 如果得分超過65，這個人擁有多數自戀型人格的重要特質，他可能會侵害你或其他人的人身安全，或者造成情感、心理或金錢的損失與傷害。

這張檢核表很可能證實了你長久以來的懷疑。沒錯，你的交往對象，或是工作夥伴符合這些自戀者特質。也許你一直遭到折磨虐待，做完檢核表後能證實你的猜測，並鼓起勇氣對付這個人，尋求幫助、改變現況。恭喜你，跨出了很大的一步，**好好學習應對，才能更有效的對付這種人**。

你應該根據你的狀況，以及這人的檢核表分數採取應對策略。或許你在工作時可以忽視這個人，也或許你毫無選擇，因為你必須和他住在一起，又雖然此人十分討厭，但分數還不算太高，所以還在忍受範圍內。不過也有可能此人得分相當高，代表你會一直面對貶抑、虐待，甚至心靈受創。

你現在有了具體判斷依據，明白如何面對眼前的狀況，你也可以向人求助，例如朋友、神職人員、人資、你的老闆、心理健康專業人士、社福單位，甚至警察。

無論如何，**你的首要責任是保護自己和親人**。如果有人勸你留在這段關係裡，或待在這間公司，不必太過在意。**既然你遭受欺負、折磨或被犧牲，你得盡力保護自己**。

請盡量與這些危險人物保持距離。我知道這其實不太容易，也聽過許多不同的苦衷，如果是這樣，請設下界線，決定哪些行為是可接受的，但自戀者可能全然不管這些界線，而他的侵犯行為也會一再重複，所以用不著太驚訝。

這就是冷酷的事實，也許你就是得跟他在一起，沒法子與他保持距離，這人可能是你的家人、伴侶，甚至是你的主管，我完全理解。但請想清楚，**自戀型人格會一點一點侵蝕你，最終你的身心歷經折磨，遭受財務損失**。檢核表的分數越高，情況就越嚴重。我認為**保持距離，是對付這種人的最好辦法**。儘管這個事實讓人難以接受，但你現在必須明白。本書第六章會進一步討論對付自戀型人格的其他策略。

第2章

敢愛敢恨？其實是情緒炸彈

瞬間變臉　耍賴
威脅自殘　打我卻說愛我

有關情緒不穩型人格的研究，以及那些生活遭到全盤打亂的受害者，應該要讓我們對這類人有所警覺。雖然，在整體社會及精神學家眼中，其他危險型人格造成的傷害更為嚴重，例如第四章討論的獵食者人格，所以情緒不穩型人格造成的災難並未得到應有重視。而且這種人造成的問題，多半屬於人際關係範疇，執法單位常常忽視。可是與這種人生活或共事，往往必須承受極大痛苦。

這種人的關鍵特質，就是無孔不入的氾濫情緒，以至於他們的行為往往影響與他人的關係與溝通，以及自己的健康。**這些人的情緒有如天氣變幻，而且難以預測，總是擺盪在大好大壞之間**，這一刻自覺身在雲端，下一刻又像處在貧民窟那麼可憐。

這種人可能相當有才華、吸引人、有誘惑力，但下一秒就變得渾身是刺、衝動不講道理。「陰晴不定」最適合形容這種人。

情緒不穩型人格需要被愛以及安全感，卻沒有能力去滋養與維持正常的關係。如果**靠得太近，他們會感到喘不過氣；給空間，又讓他們覺得被遺棄了**。可悲的是，他們追求穩定的方式原始又粗糙，很可能害己害人。

每次我聽到好萊塢明星鬧離婚，可能是第五、六、七，或第八次了（像玉婆伊麗莎白·泰勒〔Elizabeth Taylor〕），我不得不懷疑：這人是不是情緒不穩定？她的配偶知道嗎？理查·波頓（Richard Burton）與玉婆復合，再結一次婚，是不是以為這次會更好？當然沒有——過去做不到，現在也不會。

這類人的聰慧、活力、魅力或美麗絕對會吸引旁人靠近，並且把這些特質當作維持成功關係的正面助力，但是精心維持的公眾形象之下，情緒不穩的真實那面遲早會浮現出來。

不論是在家裡、辦公室，還是在拍片片場，情緒不穩型人格展現出耀眼鮮明的強烈個性，他們表現得難以相處或者阻撓、干擾，於是事情毫無進展，甚至發生難以修補的激烈衝突。每本你找得到的瑪麗蓮．夢露傳記，都證明了她情緒不穩定，不只她自己深受其害，也幾乎影響到每個與她共事的人。

情緒不穩型人格需要備受呵護，和自戀型人格有點類似：他們得寸進尺、破壞規定、想得到每個人的注意。不過，自戀者自認完美無缺，有權享受特別待遇；**情緒不穩型人格則渴望得到不斷的支持與肯定**，這樣他們才會好過些，就算是來自孩子的支持與肯定也好。他們像章魚般伸出觸手糾纏攫取，緊緊抓住那些願意滿足他們、容忍他們的人，來滿足情感的需求。但**這種人的需求無邊無際，就連最願意付出的人也受不了**，而且情緒不穩型人格的要求非常、非常多。

如果你跟這種人牽扯上，那就準備迎接你被逼到極限、惱怒又疲累的生活吧。至於混亂的程度，取決於涉及的對象，因為每個人狀況都不同。有些情緒不穩型人格不會渾身帶刺，較好相處；有的可能有自毀傾向，或極度惡劣的對待同事或自己的孩子。

最輕微的狀況，是他們煩人又愛吵架；最糟的狀況會讓你經歷嚴重的精神創傷，甚至遭受暴力。有位心理學家對我形容，處理情緒不穩人格給他的感覺：「**他們倒也不是想殺你，卻像是用手指戳你的眼睛，逼得你抓狂。**」

造成這些行為的因素有很多，可能是神經系統或生理問題，但也有可能是過去的創傷、藥物、受虐、或是遭到雙親冷待的結果。沒有人能確定成因，這些因素都有可能，包括遺傳因素。

可以確定的是，這種人最終會用光別人的耐心、理解、同情和諒解。他們的行為和情緒不穩，會一點一點侵蝕與家人、朋友、同事和主管的關係，最後到了決裂的地步，這是從我處理的案件以及經驗中學到的。

於是，周遭的人無力再付出了，只好放棄。我聽過這些親友表示，情緒不穩型人格完全榨乾他們的情感，所以他們再也沒有更多同情和愛能付出。有個丈夫與情緒不穩的妻子結縭多年，他告訴我：「我試過一切辦法，傾盡所有，但是與她生活有如身處地獄。她搞得我很想自殺，離付諸實行只差一點點，我身心俱疲還會想自殘，一切都是因為她。」類似的話語在過去三十五年間，我聽過無數次。

我已故的恩師菲爾．昆恩博士（Dr. Phil Quinn）以及其他人也提出了相同的觀察。他以身兼天主教神父以及心理學家的角度，在執業初期就發現，**有些人從來沒有害人的意圖，卻被情緒不穩型人格逼出自殘的念頭，或是暗自希望別人受到傷害**，這點讓他十分吃驚。

第二章

敢愛敢恨？其實是情緒炸彈

還有個例子能說明，與情緒不穩型人格相處有多麼痛苦。有一次我在「今日心理學」（*Psychology Today*）的個人部落格上，貼了一篇有關危險人格的文章，有讀者私下寫信給我，開頭寫著：「我只希望我媽趕快死。她奪走了我的青春和所有安全感。我希望這個從來沒有保護過我的人趕快死，那麼我就輕鬆了，不必再提心吊膽。」我讀到這句話時很吃驚，但讀完這封長信，我終於理解她母親到底做了什麼、她所受的折磨，也明白了她為什麼會這麼說。

在我早期執法生涯中，老鳥警察告訴我一個令人遺憾的發現：**被逼得去傷害他人的人，往往是因為忍無可忍**，這也是警方受理家暴案件時，最常見的狀況。**情緒不穩型人格的極端行為導致極端反應，於是性情正常的人被逼出病態思想或行為**，這點最讓人難過。儘管這些想法讓人同情，但傷害自己或他人絕對是不容許的，也毫無藉口。情緒不穩型人格需要治療，而深受其害的人也同樣需要幫助。

完全無法掌控自己的情緒，就是指標

這種人格的行為模式有很多種，往往不容易辨識或認定。**有些情緒不穩型人暗自忍受痛苦與絕望；有的則是習慣找機會爭執或大吵**，特別是折磨自己的配偶，甚至暴力相向。**還有些人別具魅力、性感誘人，但是太過纏人**，把別人都嚇跑了，其他人則落在這幾者之間。

不論呈現方式為何，**情緒的高低變化是不穩定的指標**。一般人也會不時感到情緒低落、易怒或焦慮，但這類危險人格的壞情緒出現得過於頻繁。他們的好心情或許有可能持續好幾天、幾週甚至幾個月，但是並不長久，他們就是情緒不穩而且不時發作。

如果這些人離群索居，獨自住在森林小屋，那倒也無妨，但他們往往讓最親近的人承擔後果，像是父母、兄弟姊妹、情人、伴侶、子女或同事，因而產生摩擦。青少年或許喜怒無常，喜歡嘗試、冒險，但是他們最終會長大，脫離這個階段。情緒不穩型人格始終持續這種狀態，不會因為時間而改變，因此埋下人際關係的地雷。

儘管這種人大都從過往的痛苦經驗**意識到自身的狀況，卻似乎對自己的情緒與舉動毫無掌控能力**。連諮商師也認為他們相當棘手。你盡最大努力接近他們，但似乎永遠都做得不夠。有人說，與這種類型的人交手，你的心情如同坐上雲霄飛車：你剛剛是他們的英雄，現在就成了沾上他們鞋底的口香糖。許多承受這種情緒波動的人告訴我，他們感到懷疑又絕望，心中不由得猜測：「這種脾氣哪裡來的？」、「真的有必要這樣嗎？」和「什麼時候會又來一次？」

父母情緒不穩，孩子就得學會揣測父母的心情。「她今天心情怎樣？」成了交談的暗語，看到這些孩子小小年紀就得謹慎度日，實在令人難過。他們不知道，每天早上走出臥室的，會是個聖人，或是遭受痛苦折磨的怪物。當我們讀到報導，有孩子想與父母斷絕關係（例子不少），或想要（在十八歲之前）脫離控制獨立生活，這往往是因為他們受夠了父母情緒不穩。

在辦公室，我們得小心翼翼的經過這些情緒不穩的人，就像那些懼怕父母情緒不穩的兒童：「**老闆今天心情好嗎**？有沒有像昨天一樣大吼大叫或亂摔東西？」員工會躲進廁所，或打電話請病假，只為了迴避這些喜怒無常的傢伙。這種人對組織或生意的影響可謂無比巨大，所以有越來越多公司，拒絕容忍情緒不穩型人格在上班時間發作。正如羅伯・蘇頓（Robert Sutton）在他的暢銷書《拒絕混蛋守則》（*The No Asshole Rule*）中所說，這些人的存在弊大於利，最好是請他們走路，免得組織受害。

對情緒不穩型人格來說，男女交往就是要「敢愛敢恨」。交往過程中可能發生激烈爭吵，然後他們會堅持來一場熱情的「和解性愛」。他們可以從惡言相向切換到激情交歡，令人嘆為觀止。根據很多向我求助的案例來看，對一般人來說，情緒上的大起大落很快就讓關係走味，而言語衝突的次數越多，讓人更排斥親密接觸，接著自然就不想進一步聯絡了，於是兩個人註定走不下去。

極度敏感，害怕被人遺棄

這種人很難接受批評，如果（或只是自以為）遭到輕視，會變得非常敏感，若是感到受辱，**可能會對人大發脾氣，且很容易自覺吃虧**，儘管毫無根據，卻會立刻指責別人。我在大學教課時，遇到某位學生告訴我，有位母親排拒三個成年女兒好幾個月，只因為女兒看電影沒找她。媽媽指責女兒「密謀」孤立她，利用機會在背後講她以前如何管教她們，並「說她壞話」。情緒不穩型人格扮演的角色，視他們的情緒變化起伏而定，他們可以是女王或國王（並希望被所有人崇拜），也可以是被害者或棄兒（「誰都不願意跟我玩／大家都討厭我」）。

這三姊妹想盡辦法安慰母親，保證絕非刻意傷害她才沒找她看電影，然而完全沒用。這媽媽生了好幾週的悶氣，完全不跟她們說話。從女兒有記憶開始，媽媽就無法忍受任何一點輕蔑。**這種人格就是過度敏感，這種個性讓旁人厭倦、感到心情被擺布，而且精神疲乏**。

但這還不是最糟的。**情緒不穩型人格會經年累月的「累積傷痛」**。曾經受他人的輕視、辜負、不慎失約這些事情，**他們會集中精神去記得，然後有機會，便翻舊帳**來傷害別人。

這些人也非常擅長一再重提你之前做的事、遺忘的承諾或說過的話，連幾十年前發生的都不放過，不論有理無理，他們就是覺得委屈了。**情緒不穩型人格就是如此敏感脆弱，感到委屈的點又多又瑣碎，從來不肯原諒別人的缺失**。正如知名犯罪學家雷納德．特瑞多博士的精闢說法，這種人某方面是「尋找壓迫者的受害者」。

第二章

敢愛敢恨？其實是情緒炸彈

這種不穩定的性格，需要感到被特別對待，就像兒童一樣。他們渴望得到所有人注目，在意有沒有人盯著他們看（彷彿走在紅毯上的女星）；如果他們是你的客戶、病患、老闆、朋友或愛人，他們會要求你全心照料，甚至會**離間你與其他人，來得到你的所有關注**。這種手法就像外科手術，精於切割區分，最後直取目標。

他們如此需要你，所以會討好或崇拜你，當你是「最美妙的愛人」、「最好的醫生」、「最有才華」的專家，或「史上最完美的朋友」。你要是讓他們失望或是不再討人喜歡了，這種人會態度丕變，馬上將你醜化。他們變臉速度之快令人稱奇，可以瞬間冷淡下來、忽視過去所有的美好，只注意自己的需要，**無論多小的事情，都會拿來計較**。

另一個常見的情況是，情緒不穩型人格會逼得很緊，透過一些太黏人、侵犯隱私的手段，逼迫他們的目標對象回答或是配合。不論這人是家人還是同事，你一旦屈服就被吃定了，他們會時時刻刻要你多花時間，給予特殊禮遇與關注，或是改變原則。要是拒絕配合，他們會指責你不關心、惡劣，或不夠忠實。這種人的反應有點類似幼童，得不到自己要的，就會突然大聲說出：「我不喜歡你了！」

對於這種人來說，人與人的分際跟禮儀並不存在，**他們害怕被遺棄，所以當他們需要你時，你得立刻出現**。不管你有沒有時間、方不方便、想不想要、是否違反職業道德，他們都要你回電、寄電子郵件或簡訊。要是他們有你的手機號碼或是公司專線電話，你只能求上帝保佑了。

我聽過醫師說，這種人常常不事先掛號就直接上門，要求馬上得到治療。如果他們被告知必須遵守約診規定，就會厲聲斥罵醫生和護理人員。我聽說的狀況是，這病人用力摔門，牆上的畫框應聲而落，嚇壞在場候診的其他病患。這些人可以立刻從滿心崇拜轉為憤怒憎恨，**瞬間變臉**是情緒不穩型人格會做出的標準舉動。

這種人還有可能會跟蹤、調查、拆別人的信、偷聽電話、不時現身查勤，種種行為都是為了測試對方的誠信與忠實程度，而且不只用在戀人與配偶身上，連孩子也不放過。他們會不管路途遙遠，勤奮不懈的跟蹤已經不同住的情人，或者跟著情人上下班。基本上，他們容易成為跟蹤狂，甚至進行破壞。

情緒不穩型人格最為人知的犯行就是毀損破壞，像是破壞車子或住家，損失可達數千美元。有時候這種人會闖進辦公室，**去騷擾前男友或前女友**，或是在擋風玻璃跟電話留言中留下惡毒的詛咒。現在有了社群網站、媒體，這種人的破壞力更大，後果甚至比名譽受損更可怕。只要情緒不穩的人發作，什麼也擋不住，法律也沒用。

二〇〇〇年四月，佛羅里達州灣區警察局有個特殊的案子請我幫忙。姑且稱這個女子為希拉，她報案時指稱過去五年遭到強暴三次，每次嫌犯都是趁她準備開車前犯案，而且三名嫌犯都是陌生人。負責此案的探員請我為案子建立剖繪檔案，包括受害者本人。因為五年間在同一個女子身上發生三件強暴案實在很少見，尤其是當地的強暴案件非常少。

第二章
敢愛敢恨？其實是情緒炸彈

「她在說謊嗎？」第一個問題，我就答不出來。我告訴那位探員，說謊很難分辨，但我們問更多問題來找出真相。

仔細比對這三件案子，我發現每次報案時間都在七月底或八月初，而且每次急診室醫生都採不到任何精液可供化驗。她陳述案發經過時，對於嫌犯的描述非常明確，於是每次發出緝捕公告後，就有許多人因為符合嫌犯特徵而被盤查，或是車輛類似而被攔下，但是什麼都沒查出來。

輪到我訊問時，能問的幾乎都問完了，於是我說：「我們去一趟警局車庫，妳用自己的車，演一次案發的詳細過程。」這時先前聽起來合理的供辭開始出現漏洞，請她指出整個案發過程，或是嫌犯與她的相對位置時，她似乎又不太確定，儘管她十分堅持某些細節，說法卻互相矛盾或不合邏輯。例如，她說帶刀的嫌犯在犯案過程中走開，繞了車子一圈，打開了後車門，若果真如此，那她只要趁機按下鎖門鈕就能順利脫身。

等到一切矛盾和問題攤在眼前，她哭了起來，最後才承認自己謊報——根本沒有發生強暴案。

她為了什麼搞得執法單位浪費公帑與寶貴時間，害得無數市民被攔停搜索，被當成嫌疑犯來盤查？因為她是情緒不穩型人格。後來我訪察她的同事、朋友和家人，更確認了這點。

學校放暑假（她是個老師），所以她需要被關注。每次打電話報案，警方就會回應，還有細心的醫護人員殷殷詢問她，市政府的受害者服務部門也會派人到她家，朋友和家人也圍繞著她。在急診室她會得到更多關切，會有警探被指派來協助她，處理後續逮捕或起訴的過程。她只要打通電話，就可以得到長達好幾週的關切呵護。

精神科醫師建議，只要希拉辭去公立學校的職務並搬家，那麼市府就放棄起訴她。這個例子說明了**情緒不穩型人格會做出什麼事，他們的需求永無止境，而且滿口謊言**。

耍賴，讓「不行」變「好吧」

情緒不穩型人格會哭泣、發怒、要你內疚、裝病、引誘、立場搖擺，或者親身涉險，只為了得到愛、關注，或者達到目的。

你說「不行」，對他們來說是「可以商量的」，而且他們特別擅長像孩童耍賴到底，於是「不行」會變成「看情形」，最後成了「好吧」。

他們也許會撒謊、欺瞞以得到注意（例如告訴男朋友她懷孕了，來挽回這段即將結束的關係，或自稱與他人發生關係，以為這樣能讓情人吃醋）。他們欺騙和操縱別人的本事跟手法十分驚人。

講到操縱他人，沒有什麼比威脅自殺更戲劇化。尤其是當這種人威脅要自殘的時候，能夠狠下心付諸行動。只要他們感到孤單低潮，或自覺遭到遺棄，就會常常使出這個招數。

威脅自殺這招當然讓人無法置之不理，但處理這種威脅的最好方式是保持冷靜。第一個反應，應該是告訴這個情緒不穩的人，你會打電話給警察、消防局，或叫救護車，而且馬上撥電話。不管是真的自殺還是假裝，這得留給別人判斷，而這種人的行為已經不是一般人可以處理的了，因此你毫無選擇，只能交給專業人士。

根據我的經驗，一旦叫了警察或打電話給一一九，這種人會態度丕變。或者在你正要打電話時，他們就會放棄。但是請別誤會了，**自殺或自殘既然成了威脅手段，就應該正視處理**。你不是專業治療師，所以最好交給專家，並且迴避這種狀況。這種情緒不穩定的人可能會傷害自己，也絕對做得出來。

既然你已報警求助，就算是盡了義務，並且拒絕遭受對方操控。你不是傀儡，就算此人遭受疾病與痛苦折磨，你也不應該讓自己受操弄。

某次研討會中，有個男子告訴我，妻子每次與他「大吵」之後若是沒順著她的意，就揚言自殺或自殘作為威脅。據他所說，這段痛苦的婚姻中，妻子起碼威脅自殺二十幾次以上。但他從沒想過要打電話報警，因為每次他都以為是最後一次，而且也不希望自己或家人引起外界關注。很難相信？但的確會發生。**如果你能忍下來，這種人就會再犯**，要是你像這名男子，心懷善意或過度天真的容忍妻子，那麼情緒不穩型的人，就會用這些舉動當作控制你的開關。為什麼會這樣呢？因為他們做得出這種事，因為這是他們的慣用伎倆，而且這種人不懂得自制，只有合格的專業人員幫得了他們，而且前提是他們願意求助。

如果情緒不穩型人不能如他們所願，而且一切操控伎倆又已用盡，那麼有些人會毀了那些他們無法擁有的事物。請記住，這些行為模式的嚴重程度因人而異：有些人只是討人厭而且難以共同生活；但有些人可能行事殘忍，而且某些情況中若是達不到目的，甚至會心生殺機。看看報紙的社會案件，家暴的情形要是加上情緒不穩型人，就會掀起更大波濤、導致暴力相向，且往往出了人命。

一九八八年，喜劇演員菲爾．哈特曼（Phil Hartman）的慘案提醒我們，與情緒不穩人格共同生活會有生命危險。他的妻子布麗恩（Brynn）開槍打死他，然後自盡。哈特曼的朋友早就察覺布麗恩的情緒問題，以及這段婚姻已然傷痕累累，而哈特曼倖存的兩個孩子，一生都得面對並處理這些創傷。令人嘆息的是，這種例子不勝枚舉。

他們的思考是：不是朋友就是敵人

情緒不穩型的人生氣或是發作時，別指望他們講道理，也不會理性看待壓力或批評。他們的思考是這樣的：**全有或全無**、**好或壞**、**黑與白**，**沒有灰色地帶**。你要不是站在他們那邊，那麼就是反對他們，不是朋友就是敵人，而且可嘆的是，他們對待孩子也是如此。

他們會**公然測試你的忠誠度**，像是拋出各種問題：「你支持我還是支持她？你站在誰那邊？」這些赤裸裸的操縱行為很粗魯，也很令人尷尬，像是回到了小學時代測試忠誠的伎倆。沒錯，他們就是這麼急切。

他們的思考模式就跟行為一樣無法預測，你永遠無法猜出他們下一步會做什麼。有個父親告訴我，他有次開車帶全家人去度三天假，車程開了一百多英里，可是情緒不穩的妻子一路上為了某件小事發飆，而且她察覺孩子站在父親那邊，於是開始斥罵孩子們，儘管這個父親已經習慣妻子的行為，這回她的怒火還是嚇到他了。她滿面怒容並且大吼：「他媽的把車開回去，否則我要跳車！」她同時打開車門，探出身子。孩子都嚇壞了、不停尖叫，因為車子正以超過六十五英里的時速，在公路上開向奧蘭多。

結果，假期泡湯，孩子不停發抖啜泣，旅館訂金也不能退，一切只是因為他忘了「把她最喜歡的防晒乳液放進行李箱」。這種行為沒有藉口能開脫，而且創傷會跟著孩子與丈夫許多年。人類的記憶沒有刪除鍵，當孩子目睹這樣的事件，也因此付出代價。

某些情緒不穩型人格可能會輕信或是容易受流行影響。許多人會尋求大師指引或宗教崇拜，特別是**那種信仰制度特別嚴格的**。**邪教對情緒不穩型人格特別有吸引力**，因為他們可以得到組織成員的特別關切，並毫無條件的接受與包容。這種組織往往凝聚力強，也正是情緒不穩型人格期望得到，但一般正常社會卻無法給予的。

然而他們如此容易受到邪教與騙徒吸引，也就會遭到剝削利用，於是家人或親人質疑他們的生活方式，認為他們浪費時間、金錢和機會，這時衝突就來了。請想想人民公社領導者、慣犯與連續殺人犯查爾斯．曼森吸引到的那類信徒，你就懂了：情緒不穩的人認為查爾斯．曼森完全沒問題。

追求感官刺激，只為了感受活著

這種人為了更有活力、為了逃避惡劣的感覺，可以變得相當魯莽衝動——突然決定做一件事，卻讓自己或他人身陷險境；說些毫不恰當的話、做出攻擊行為，或是場合不對卻要向人勾搭。他們被看作是「麻煩人物」、「問題一堆」、「混帳東西」、「痞子」、「愛假裝」、「完全失控」，而且往往透過性來贏得關注。

電視實境秀演員兼花花公子模特兒安娜．妮可．史密斯（Anna Nicole Smith）去世時，好幾個男人出面聲稱是她孩子的父親，而且看起來這些人都與她發生過關係。情緒不穩型人格把性愛當作是威力無比的靈藥，所以會從事可能產生危險後果的性行為，情人換過一個又一個，遭受無數後遺症，包括性病、爭風吃醋、意外懷孕，以及暴力相待，得到的溫暖與真愛卻不多。像是電影《尋找顧巴先生》（*Looking for Mr. Goodbar*）中黛安．基頓（Diane Keaton）飾演的泰瑞莎．鄧恩，她心裡始終感到空虛，用性愛換取親密，但她的需要從來無法填滿。

她們可能會看上「壞男孩」或誤交損友，讓父母親眼看著孩子虛擲青春，或遊走在危險邊緣，使父母難過。情緒不穩定的女子可能會吸引目無法紀的獵食者：還記得邦妮．帕克（Bonnie Parker）嗎？她與克萊．巴羅（Clyde Barrow）私奔，兩人組成了惡名昭彰的「邦妮與克萊」犯案集團。從各方面來看，邦妮就是情緒不穩型人格，不但表現在行為上，也直接導致她的悲慘下場[17]。

如果這種人以酗酒或濫用藥物作為逃避壓力的管道，判斷力會更加扭曲，健康也受到影響。

有些情緒不穩型人格會採取衝動、病態或破壞行為，像是不斷偷東西、離家出走、賭博、暴食催吐、魯莽駕駛和飲食過量，這只是部分例子。這些行為還會帶來可怕的附帶後果，影響他們自己、家庭以及社會。

情緒不穩型人也由自虐來獲得快樂或痛苦，可悲的是，對這些人來說，快樂與痛苦可能是同義詞。這種人有的會自虐，像是割傷自己、用香菸燙自己、撕開傷疤、拉扯頭髮，甚至不停用頭撞牆，希望刺激自己的感官，或是壓制住某些感覺。

17 美國一九三〇年代的鴛鴦大盜，在經濟大蕭條時期，橫行美國西南部，犯下多起銀行搶案，最後死於警方圍捕。兩人的故事在一九六七年被改編為電影《我倆沒有明天》（*Bonnile and Clyde*）。

他們有時會提到，人生只有無盡的空虛。瑪麗蓮．夢露常常對她每個治療師和朋友談到這種虛無感，儘管她的仰慕者無數，再加上戀人與丈夫，依然**沒有人能夠填補這個空洞**。

然後還有那些習慣性折磨他人，或老是想爭辯或吵架的人，你會發現這種人其實**從激怒他人或爭吵中獲得樂趣**。有些醫師形容這種心理極為病態，需要傷害並虐待他人，以遭受反擊來感受情感波動，因此構成了惡言相向、衝突不斷的循環。我曾經問過這樣一個情緒不穩型人格的人：「妳為什麼這樣對待他？」她的回答是：「因為，只有這樣**才能讓他發怒，這是我唯一看到他活過來的時刻**。」她回答的時候甚至帶著微笑。

情緒不穩型人格的關鍵字

以下是未經刪節，受害者形容情緒不穩型人格的用詞：

不正常、誘人的、憤怒、混球、混蛋、**變動不定**、騙子、難捉摸、賤、尖刻、邊緣、災難性、天地變色、變色龍、混亂、黏人、冷酷、抱怨、複雜、矛盾、摸不透、縱容、驚愕、控制、**賣弄風情**、瘋癲、令人毛骨悚然、挑三揀四、好批評、凶殘、狡詐、危險、欺瞞、被拒、妄想、毫無人性、要求過高、貶低、詆毀、垂頭喪氣、抑鬱、絕望、喪氣的、破壞性的、難以親近、幻滅、亂七八

第二章

敢愛敢恨？其實是情緒炸彈

糟、令人不安的、疏離、自命不凡、累人、表現誇張、功能失調、情緒化、空虛、易妒、**飄忽不定**、可氣的、令人興奮的、讓人筋疲力盡、暴怒、恐懼、調情、招蜂引蝶、詭異的、令人恐懼、沮喪、挫敗、戲劇性、駭人的、可怕的、歇斯底里、不平衡的、**不可理喻**、衝動、不恰當的、不完整、前後不一、不可思議的、不穩定、激烈的、難懂、不理性的、不負責任、易怒、煩躁不安、淫蕩、好色的、致命的、騙徒、謊言、活潑、瘋子、淫蕩、惡毒的、**壞心**、**自虐**、惡劣、善變、悲慘、喜怒無常、病態、惡意、否定性、心不在焉、神經質、瘋瘋癲癲、瘋狂、花痴、奇怪、令人痛苦、猜不透、可悲、渾球、問題人物、神經病、**女王**、惱怒、無情、怨恨、高風險、虐待狂、淫穢、挖苦、嚇人、陰謀家、擺盪不定、沸騰、充滿誘惑、勾引、性魅力、性感、噁心、令人作嘔、特殊的、跟蹤狂、狂暴、令人窒息、**自殺傾向**、發脾氣、性格鮮明、性格暴躁、緊張的、威脅、煩人的、虐待者、折磨、蹂躪、龍捲風、大災難、混亂、不安定的、不領情的、肆無忌憚、無動於衷、不可信任、**記恨**、忘恩負義、不開心、精神錯亂、不可預測的、不講理的、不可靠、反覆無常、多疑、不屈不撓、記仇、裝可憐、賭氣、暴力、狐狸精、易怒、怪異、一陣風般。

他們聲稱最愛的人，最常被攻擊

這種人格的情緒索求，足以吞噬別人，所以最後搞得你心力交瘁、情感耗竭。他們感到沮喪時，你得一再安撫；如果他們有麻煩，你得收拾善後；如果你沒能給他們所需要的一切，他們會失望並且大發脾氣。**跟這種人越親近，就越可能成為箭靶，他們聲稱最愛的那些人，最常被他們攻擊**。

情緒不穩型人會以驚人的速度買下一堆衣物、毒品，或買春、賭博。如果他們被逮到酒駕、打架、持有毒品或誘使性交，就得花錢請律師並付保釋金。這時他們會拜託你，跟你借錢，讓他們「重新自立」。或者，他們會偷你的錢去買毒品，尋求其他刺激。要是他們是有錢人，你會看到報導形容他們如何花上數百萬美元找樂子；如果沒錢，可能就輪到你我來幫助他們擺脫困境。

與這種性格的人往來要時時提高警覺，有什麼惹她生氣了？他們會大發脾氣嗎？孩子成績考壞了回家會不會被打？他們會不會偷別人的東西？他們會不會毫無羞恥的跟外人調情？很多人告訴我，自從他們與情緒不穩型人格牽扯上之後，就不得不時時提防或準備自保，不只保護人身安全，有時還得捍衛自己看重的價值。

與這種人一起生活，你可能會出現焦慮或壓力症狀。再過一陣子，看多了他們雲霄飛車般的情緒轉變，你的忍耐範圍一再變大，跟著那些情緒而動，但是要不受他們操控、

第二章

敢愛敢恨？其實是情緒炸彈

捍衛自己的界限極為耗神費力。很多受害者出現睡眠問題、抑鬱、做出自己從來沒做過的反常行為，甚至變得愛吵架。

這種人格的憤怒表現，會從口語升高到肢體暴力：**亂砸、毀壞物品、打人或甩人巴掌、嚴厲懲罰孩子**。有女子曾經告訴我，小時候母親如何每天用鍋鏟打她；還有一位企業主管回到家後，發現因為前一晚的爭吵，西裝全被妻子用美工刀劃成一條條破布；或者是整鍋（而不是整盤）義大利麵提起來就往牆上扔。

其他案例還有珍貴紀念品跟禮物遭到破壞，甚至抓起刀子亂射。很難想像會發生這種事，但確實如此，甚至還有一怒之下開槍的情況。正如有些警察會說，「家庭」報案往往是非常緊急的案例，因為涉案的人多半情緒不穩，加上藥物與酒精催化，狀況更加嚴重。

現在大家都很清楚影星瓊．克勞馥（Joan Crawford），是怎樣殘忍對待她的養女克麗絲蒂娜．克勞馥（Christina Crawford）了。如果你沒讀過克麗絲蒂娜的《最親愛的媽咪》（*Mommie Dearest*），我建議你不妨一讀，但可別在睡前看，否則可能整晚睡不好，跟情緒不穩人格共同生活就會這樣。

這種個性上的不穩定會感染整個群體，因為在家中、球隊裡，或在辦公室，誰都不想成為發洩的標靶，於是每個人小心翼翼，不敢說不，或是負責傳達壞消息。

這種人格再加上睪酮素的作用，更有可能導致潛在危險與暴力。我們太常聽說這種男子在週末、或是回家之後毆打配偶。警方經常接到這類報案電話。場景多半類似，角色性格也一樣：情緒不穩型人挑起事端，對伴侶做出的事情，包括毆打、擒抱、掐脖、捆綁，甚至點火燒傷，次數之多幾乎成了例行公事。他們因此感到愉悅，這是情緒不穩型人施虐的一面。

與這種性格的人牽連會帶來生命危險嗎？不盡然，但確實有可能。請記住，他們深怕被遺棄。如果他們不能擁有你，也不會讓別人擁有你。看看裘蒂．阿里亞斯（Jodi Arias）的案例，二〇一三年她因為殘殺前男友崔維斯．亞歷山大（Travis Alexander）的駭人手法而受審，案件成了新聞頭條。這樁二〇〇八年發生的命案，讓女星葛倫．克羅絲（Glenn Close）在電影《致命的吸引力》（*Fatal Attraction*）[18]裡的表現也黯然失色。

被害者亞歷山大若是沒有與這情緒不穩、無法接受分手的女子發生牽連，也不會遭到殺害（她刺了他二十七刀，幾乎斷頸，為了保險起見還開槍打穿他的頭）。這樁命案因為電視大幅報導而惡名遠播，情緒不穩型人格以暴力對付情人或舊情人，美國每年有數千案例，結局往往傷亡慘重。

這種人也像自戀者，約會起來進展很快，但是**自戀型人格是為了取得主導地位**，**情緒不穩型人格則是為了維持穩定狀態**，而且受人愛慕讓他們情緒高昂。他們希望這種感覺繼續下去，因此可能會逼對方做出承諾，但就算得到想要的結果，內心依舊空虛，沒有任何人事物能夠填滿。

第二章

敢愛敢恨？其實是情緒炸彈

他們渴望與人結合，於是會露骨調情，做些出人意料的肉麻宣示。有個男子告訴我，他遇過一名情緒不穩的女子，才相識不過幾分鐘，就毫無理由的脫口而出：「你絕對無法想像你對我來說有多重要。」這男子進一步描述：「她居然就站在那裡抓著我的手，還把身子探過來，我在大家面前尷尬得要命。她還告訴我，我在她眼中有多『特別』，她『之後會夢到我』。」那可是一場商務會議，這名男子當然嚇傻了。

因為這種人對於情感的需求很大，這些話聽起來就像出自初陷情網的中學生。奇怪的是居然很多人都相信這些話，情緒不穩型人格很清楚這點，而且會善加利用。可悲的是，這個備受寵愛的傢伙，不知道自己很快就會感到喘不過氣，想盡辦法擺脫這個情緒不穩的黏人精。

這段關係一開始或許熱烈激情、如此理想，但是後來總免不了惡化，言語尖酸的爭吵不斷。然而要是你打算脫身，他們就會發狂，拚命挽留你，不過手段仍然少不了抨擊貶低。就算你在上班，也會毫無顧忌的闖進辦公室大鬧，或是一小時內打十幾通電話罵你是「賤貨」、「豬玀」，要不然就是刮花你的車門。只要是經歷這種過程的人都覺得，一切實在太不真實了：**這種人對你大吼大叫、指名道姓怒罵，卻不想讓你離開**。

18 一九八七年電影，由麥克．道格拉斯與葛倫．克羅絲主演。在一夜情後，葛倫克．羅絲飾演的亞利絲不甘心就此結束，除了自殘，開始展開更激烈的手段：跟蹤、闖入住家、破壞財物，甚至誘拐兒童等行為，一切只是為了挽回戀情。

就算你從這段感情脫身，情緒不穩人格依舊要求你保持忠誠。他們會跟蹤你、偷拆你的郵件、恐嚇你、毆打你、侵入你家翻找你的東西，或是找上你的現任情人。妮可・布朗・辛普森（Nicole Brown Simpson）曾多次報案，但是直到她遇害，警方都沒有什麼作為。根據妮可的說法，她前夫辛普森（O. J. Simpson）[19]根本不肯放她走，即便他們已經離婚，他還是跑去她家威脅她、毆打她。警方檔案有她臉部遭受痛毆的照片，證明了情緒不穩型人格的暴力面有多可怕。

這種人還可能透過你的父母、朋友或社交圈騷擾你。如果他們拍了你的裸照，或是以某種方式取得你的裸照，並且打算做些不利於你的事，這些裸照就成了籌碼。你想像得到的（跟想像不到的）事情，他們都做得出來。有位女子告訴我，她的新男朋友發現車窗上有她前男友留的紙條，上面寫著她是怎樣的「賤人、婊子」。

與這類人交往的女人可能以為，「他會變好」、「這是最後一次了」，或者「我能讓他改過」。不可能，他們做不到，而且也不願意。有個我認識的女警說，她花了足足三年，才跟有時會毆打她的男友澈底分手。即使是經過訓練的執法人員也會受制於情感，不好意思求助，她以為有辦法改變對方，不過根本辦不到，所以這種情況也有可能會發生在任何人身上。

我再強調一次，**情況永遠不可能改善，除非情緒不穩型人格者願意澈底改變自己，**但那幾乎是不可能的事。

第二章

敢愛敢恨？其實是情緒炸彈

如果你有孩子，而你交往的對象是這種人，那麼可能遭受心理威脅與身體傷害的不只是你，還有你的孩子。依據我多年的辦案經驗，我可以說，情緒不穩型人格的本性，很有可能會讓孩子（特別是別人的孩子）身心遭受嚴重摧殘。

前文提到那個幼時遭到母親用鍋鏟痛打的女子，她母親揍完她之後會說：「看妳逼我做出什麼好事？現在過來讓我抱一個。」悲哀的是，我並不是第一次聽說這種病態行為，很多人讀了我的書與文章後寫信告訴我，他們小時候只不過是不小心犯錯，就遭到母親抓起鍋鏟、掃把，或舊皮帶痛打，而且還被要求反過來安撫母親。這些例子來自世界各地，不必是專業人士，也能明白這會造成多大的傷害。

如果孩子表現出難過、委屈或氣惱，這種父母會刻意忽視，說出：「喂，夠了你，哪有這麼糟！」或是「撐著點，一下就好了。」如果孩子要求父母擁抱或是關心，這些只管自己的爸媽會說：「除非你別再這個樣子。」、「你沒看見我在忙嗎？」於是孩子陷入極為無力與無助的境地，甚至成了永遠無法跨越的障礙。情緒不穩型父母會對下一代造成這種影響。

這種人的孩子即使長大，仍然帶著心理創傷，他們從童年學會的教訓，即使是寫出

---

19 知名美式足球明星，在一九九四年被起訴，罪名是謀殺前妻妮可與其好友。歷經長達九個月的審判後，因證據不足獲判無罪，本案有「世紀審判」的稱號。

來都讓我不忍：壓抑情感、忽略自己的需求、準備受傷害、永遠不能拒絕、情緒木然，以及看輕自己的價值，還得去撫慰加害者。這些人學會遮掩、隱藏感情，或者會刻意表現來得到反應；也可能學會撒謊、嘗試藥物，或者隨便找個願意關切自己的對象。這些人可能會霸凌他人，採用他們從爸媽學來的心態——先出手，才不會受傷害。由於從來不知道父母下一秒的心情與反應，所以從小就學到恐懼和過度警覺，他們始終像哨兵一般警惕，如此一來永遠無法脫離童年的遭遇。

試想一下，你在原生家庭遭受折磨或是嫌棄，然後發現其他孩子在家中得到愛與呵護，會有什麼感覺？這些**被情緒不穩型父母養大的孩子寫信告訴我，他們希望父母快死，但又害怕他們死去**，這種矛盾並不令人意外。這些人寫道，要是父母死了，他們必須決定要不要參加葬禮，還得假裝難過，但心底其實毫不在意。最近有個女子告訴我：「我要的不過是被愛。這能有多難？你不明白不被母親所愛的感受。她要是死了，對我來說是解脫。」

如果你有孩子，而配偶是情緒不穩型人格，你有責任給孩子安全和喘息的機會。可悲的是，我看到的多數家長都沒採取行動，因為他們不想處理配偶如火山爆發般的反應。對於無辜而無力自保的孩子，這種不作為實在可怕。

如果你無法結束關係並取得子女監護權，那麼你應該用盡一切方法劃出界限，保護孩子並給他們機會暫時喘息（例如，安排孩子從事喜愛的課外活動、嗜好、體育活動、閱讀、音樂、美術），讓孩子與情緒不穩的父母保持距離。不過我要說得比精神科醫師更直白——長遠來看這段關係毫無希望。保護你的孩子脫離你的配偶，這是為了孩子，也為你自己著想。

與他們共事者的心聲

通常，這種人會戴著面具與外界打交道，但也不是一直如此。形容他們的說法有很多相當委婉：「我鄰居有點個性」、「我隔壁同事有些瘋癲」、「女王大人發怒了」、「他挺容易抓狂的」、「這也鬧夠了吧」。我認為，不必掩飾這些潛在威脅或傷害，他們的行為已然證明自己情緒不穩而且對人有害。這些行為會嚇退他人，造成不必要的人際衝突。

在職場，從人們的反應可以透露出蛛絲馬跡，比方說大家會盡量避免與情緒不穩型人格進行溝通或互動。風聲很快就傳出，同事會說：「他要加入小組／專案／委員會或參加活動？如果有他的話，那我退出。」大家會避免跟這種人講電話、交談、應酬或共事，甚至連坐在隔壁都不願意，而且活動會排除他，也不告訴他任何小道消息。

電影《穿著Prada的惡魔》（*The Devil Wears Prada*）中，某個職員如此形容米蘭達（Miranda Priestly），某頂尖時尚雜誌的恐怖總編輯：「不可理喻，以前是如此，未來當然也一樣，**你的工作不是去討好她，而是如何從她手中生還。**」影星梅莉．史翠普（Meryl Streep）的精準詮釋同樣令人不寒而慄。這部片完美捕捉了與情緒不穩型老闆、教練、經理、或領導人共事的生活。你拚命努力，卻沒有得到絲毫感謝或肯定；沒有人敢轉達任何壞消息，目標達不到也不敢說。

有時，情緒不穩型人格有本事把工作做好，而且從外人眼裡（像是管理高層、執行長、選民）看來成績不賴。不過聽與他共事者的心聲，你會聽到一堆內幕，像是罵人不留情面、口不擇言、製造階級對立。也許他們能完成工作，但付出的代價是什麼？這種人造成的損失反映在營業額、疾病、保險，甚至訴訟費用，其實數目並不小。

從報紙或傳記中你可以讀到，似乎很多人身上可以找出情緒不穩型性格的特徵。儘管從媒體報導他們的行為模式，似乎很輕易就能將人歸類，但我們應該避免這麼做，因為我們不知道此人行事作風的全貌，也不清楚實際狀況。

例如，二〇一一年死於酒精中毒的歌手兼詞曲創作者艾美．懷絲（Amy Winehouse），似乎有許多情緒不穩型人格的特質，她也許是，也可能不是。大多數人都不清楚細節，雖然我們可以讀到或看到各種說法，讓我們思考或提高警覺，不過一般來說都還需要更多資訊，才能充分判斷某人是否情緒不穩或屬於危險人格。

其次，本書討論的主要方法是根據你的直接觀察，而不是頭條新聞讀到的內容。做出判斷時需要謹慎，無論是在政治圈、娛樂界，或者發生在隔壁的狀況，肯定會引起我

第二章

敢愛敢恨？其實是情緒炸彈

們好奇，但**除非親身接觸**，我們永遠無法確定此人是否是情緒不穩型人格。

與本書中大多數危險人物的共通點是，大眾極少注意到情緒不穩型人格，除非此人做出太過離譜、怪異的事，或犯下罪行。**大多數情況下，情緒不穩型人格大都是關起門來，私下一對一的造成危害**。這扇門也可能位於賓夕法尼亞大道一千六百號，也就是白宮。多數美國人都不知道，林肯總統之妻瑪麗．托德．林肯（Mary Todd Lincoln）因為情緒不穩，替婚姻關係帶來極大波折，就連政府與白宮都受影響。

無論如何，只要我看到、聽到或遇到有人一再跨越社交界限、易怒或者「個性強烈」，讓我或他人感到被貶低或煩惱，或者喜歡爭論與吵架，我的「保全雷達」就啟動了，接著我會尋找其他線索來證明，此人可能是情緒不穩型人格，並且採取措施保護自己和我的親人。你也應該這麼做。

情緒不穩型人格檢核表

關於情緒不穩型人格的警訊

前文提到過，我以多年辦案經驗設計出不同的行為檢核表，以便評估辦案對象是否屬於危險人格。這些詳細精確的檢核表，能幫助你分辨對方是否屬於情緒不穩型人格，而且落在光譜的哪一處（從易怒、行為誇大、尖刻、變化莫測，到威脅他人以及危險的程度），協助你精確判斷該如何對付此人，研判此人情緒不穩的程度，是否會對你或他人構成威脅。

本章以及其他章節的檢核表是專為日常使用而設計，適合未受過心理健康專業訓練的一般大眾使用。這不是臨床診斷的工具，目的是教育、告知、證實你看到的與經驗過的事實。

仔細閱讀檢核表上每個陳述，符合的請打勾。請對自己誠實，回想你聽到這人的言語、看到他的行為，或旁人告訴你的事件。當然，最好的證據來自你的觀察，以及你與此人相處時的感受。

只勾選適用的陳述。**不要猜測或自行延伸，只選擇完全符合條件的選項**。如果不確定，請勿勾選。有些陳述似乎一再重複或看來類似，這是特意如此設計，意在捕捉不同行為的細微差異。

請務必從頭到尾勾選完整張檢核表，這樣才能提高效度。檢核表的內容完全涵蓋各種隱微但關鍵的問題，或許你可能從來沒想過，不過有些陳述會觸動你早已遺忘的事件。就算是頭幾項陳述並不符合，或者你覺得已經足夠了，無論如何都請仔細讀完每一條陳述。

檢核表中會交替使用性別代名詞（他或她），這些陳述也適用於不同性別。結束之後會計分，現在請先勾選符合的陳述。

□ 1. 你在這人身邊只有接招的餘地。

□ 2. 此人為了小事或狀況，表現出超乎常理的憤怒或過度反應。

□ 3. 自從與此人交往，你變得較不快樂、喪失自信，或開始懷疑自己。

□ 4. 這段關係有如雲霄飛車般起伏不定。

□ 5. 此人無法理解自己的言行會造成何種後果、會如何影響他人，包括家人與外人。

□ 6. 行為模式有時十分失禮或相當離譜。

□ 7. 似乎碰到壓力就會崩潰。

☐ 8. 本來幾分鐘就可結束的爭論居然拖上好幾小時，甚至好幾天，而且他似乎不打算和解或結束爭論。
☐ 9. 她似乎常常扮演受害者或公主。
☐ 10. 無法獨處，不停找人陪伴。
☐ 11. 威脅要自殺。
☐ 12. 經常表現出感到恐慌、焦慮、易怒、悲傷或憤怒。
☐ 13. 經常感到空虛，非常容易厭倦，需要刺激。
☐ 14. 對家人表現出強烈的怒意。
☐ 15. 不時與他人發生肢體衝突、爭吵、打架。
☐ 16. 與人爭吵似乎是她的生活方式。
☐ 17. 在這人旁邊你似乎無法放鬆、平靜或「放下戒備」。
☐ 18. 此人多次提到某個人或某個團體正伺機暗算他，或密謀反對他。
☐ 19. 同事形容她「麻煩」、「難以共事」、「易怒」或「不可理喻」。
☐ 20. 在他身邊時，你感到疲勞，甚至精力耗盡。
☐ 21. 與她相處幾小時後，你覺得你的世界已經天翻地覆。或許你會自問：「到底發生了什麼事？」

第二章

敢愛敢恨？其實是情緒炸彈

□ 22. 親近的人（例如你、家人、孩子、伴侶），會時時「探聽」目前此人的「心情」。

□ 23. 使盡渾身解數，只為了避免被情人或是朋友遺棄（不論是想像或實際上發生）。

□ 24. 有時行為似乎太過戲劇化或過分誇張，不適合當下的場合。

□ 25. 吵起架來毫不留情甚至撕破臉，例如謾罵或詛咒。

□ 26. 過度要求他人付出時間、關注，甚至金錢。

□ 27. 生氣或是反對某事時會砸東西、撕毀或打爛東西。

□ 28. 如果遭到遺棄會以自殺作為要脅。

□ 29. 不懂得如何結束衝突或示好彌補，反而陷入爭執並持續以言語攻擊。

□ 30. 在他人眼中「難以預料」、「不能信任」，或「情緒不穩」。

□ 31. 剛認識不久便急著許下終身或是要求絕對忠誠。

□ 32. 喜歡刺青，理由是「痛得很有感覺」。

□ 33. 大家都知道他心中的悔恨痛苦可以存在好長一段時間。

□ 34. 任意貶低或批評他人，以羞辱他人或讓別人難看。

□ 35. 聲稱願意寬恕，但從沒做到。心中總記著別人的錯處或不公，特別愛翻舊帳。

☐ 36. 很容易就會被激怒、感到挫折。

☐ 37. 似乎無法持續展現同理心、關懷或關愛。

☐ 38. 人們與此人交談時，往往以此為開頭：「你先別生氣，但是……。」

☐ 39. 這種人的人際關係總是風暴不斷。

☐ 40. 這種人的婚姻不幸，時常爭執、惡言相向。

☐ 41. 好像總是愛上不適合的人（像是罪犯、吸毒者、追求刺激的人，或不負責的人）。

☐ 42. 行為冒犯他人也毫不在意。

☐ 43. 不喜歡做自己，總想成為別人。

☐ 44. 從事危險活動，或是遊走法律邊緣追求刺激，害得他人身陷險境。

☐ 45. 很在意自己在旁人心中或口中的形象，一旦遭受批評就會馬上反擊。

☐ 46. 要是計畫改變就非常生氣，或是過度焦慮易怒。

☐ 47. 大家都知道此人有自殘留下的傷疤，像是割傷、擦傷、咬傷、刺傷、燒傷或扯掉自己的頭髮。

☐ 48. 若是未受重視或沒得到特殊待遇，就感到洩氣或憤怒。

第二章

敢愛敢恨？其實是情緒炸彈

☐ 49. 她的一言一行都是為了成為注意焦點，不容許任何人忽視她。

☐ 50. 不惜為了一己之私撒謊或編故事。

☐ 51. 你因為擔心這人對你的反應（或是此人可能傷害自己）而不願說話、避免動作或採取行動。

☐ 52. 大家都知道她引起同情是為了得到注意（像是假裝生病或不舒服）。

☐ 53. 她的痛苦、病情或傷勢都比別人嚴重得多。

☐ 54. 過度要求別人付出時間與注意。

☐ 55. 養育照顧他人，是為了要得到他人的關注與忠誠的手段。

☐ 56. 收養孩子只為了保證自己「老有所依」。

☐ 57. 完全無法理解也不曾實踐無私的愛。

☐ 58. 你自覺某些方面被這人所束縛了。

☐ 59. 此人的情緒似乎一直都如此強烈。

☐ 60. 你知道此人的人際關係不穩定而且相當緊張。

☐ 61. 不停抱怨別人瞧不起他。

☐ 62. 他為別人做的每件事，都希望得到回報，或是帶有附加條件。

☐ 63. 長時間或是定期抑鬱與焦慮發作。

□ 64. 這人的忠誠總是不停變化，搞得你跟朋友都十分挫敗，不知如何是好。

□ 65. 似乎非常沒有安全感，因此防備過度。

□ 66. 此人承認試過或使用「所有毒品」，其不同種類與劑量。

□ 67. 據說此人曾經毫無理由的情緒失控。

□ 68. 威脅要自殘或自殺，目的只是為了操縱別人。

□ 69. 與此人來往讓你的自尊遭受貶低。

□ 70. 擔心有人靠得太近或阻止他人靠得太近。

□ 71. 此人抱怨自己一直生病或身體不適，以至於她的情緒與精力大受影響，但又說不清病名。

□ 72. 此人的情感關係多半緊張而且維持不久。

□ 73. 自我形象似乎不甚穩定（不喜歡自己、討厭自己的長相，也不喜歡自己的生活）。

□ 74. 極度需要被愛、被崇拜，並且得到專屬的照顧。

□ 75. 自稱患有偏頭痛、纖維肌痛、潰瘍、結腸炎、腸躁症候群，或經常頭痛。

□ 76. 她的成年子女拒絕再與她聯絡或接觸。

□ 77. 出事的時候責怪別人個沒完。

☐ 78. 能反擊所有批評，哪怕言論不合邏輯或根本沒道理。

☐ 79. 此人一直與你或其他人進行權力鬥爭。

☐ 80. 非常固執且好爭論，似乎總想壓過別人。

☐ 81. 規畫能力多半很糟（例如，總忘了給孩子吃的喝的，或是連照顧孩子的錢也沒拿出來），彷彿從沒想過事情的輕重緩急。

☐ 82. 行為總是在兩極間擺盪，像是從理想化他人（關愛）轉到極端貶低他人（憎恨）。

☐ 83. 似乎只活在當下，幾乎不計畫未來的財務分配或工作。

☐ 84. 似乎根本沒有從過去的情感關係以及人生經驗中汲取教訓。

☐ 85. 渴望碰見一個「理想對象」，從對方得到無微不至的關心、付出，以及無所不在的照顧，也就是說，一個不可能存在的完美對象。

☐ 86. 如果期望未獲滿足，就會非常失望並且貶低他人。

☐ 87. 衝動行事，而且是從事諸如濫交、無節制的消費、濫用藥物、開快車、暴飲暴食、賭博、酗酒，或冒險的行為。

☐ 88. 就算是見面時間不長，光是見了此人，便讓你或者其他人感到焦慮、煩惱、生氣。

- □ 89. 認為公司找她麻煩，不讓她升職也不認可她的努力，因此認定組織內有陰謀或其他藉口。
- □ 90. 刻意與已婚人士或已有固定對象的人交往。
- □ 91. 交往對象跟她約會沒多久就感到有什麼不對勁，或是心生疑惑。
- □ 92. 你跟他人都用「神經病」、「瘋子」來形容這個人。
- □ 93. 心情似乎反覆無常，脾氣來得毫無理由。
- □ 94. 毫無理由的與至親或親人發生衝突與翻臉。
- □ 95. 此人正接受治療，而且本來對治療師讚不絕口，但現在卻與治療師反目成仇。
- □ 96. 喜歡不被干涉的生活，行為輕率不負責。
- □ 97. 儘管這人經濟無虞，卻不支付生活中的必要開銷，像是買暖爐用油、支付帳單，或者納稅。
- □ 98. 孩子對她來說似乎不帶來喜悅，而是製造生活的不便。
- □ 99. 採用羞辱作為懲罰方式。
- □ 100. 扔下孩子去與朋友聚會、參加派對，或者去喝酒。
- □ 101. 情史豐富，吸引太多男子，而且往往都是不適合的那種。

第二章

敢愛敢恨？其實是情緒炸彈

- □ 102. 孩子們抱怨被她忽視、嘲笑，在家中甚至遭到虐待。
- □ 103. 情感表現得很疏離，就算你試圖親近，反應也十分淡漠。
- □ 104. 曾多次指責你，把他不快樂的原因歸咎於你。
- □ 105. 如果有伴，或置身群體中便感到安全滿足，不喜歡獨處。
- □ 106. 她生活中似乎充滿緊張（幾乎一切都以負面解讀）。
- □ 107. 看起來性情十分敏感。
- □ 108. 要求你選邊站，一同反對某人。
- □ 109. 對於仁慈或慷慨的行為似乎無感，甚至對他人的關心與援手無動於衷。
- □ 110. 對於被遺棄或是失去某人的警訊特別敏感。
- □ 111. 過去曾多次發作焦慮或抑鬱症狀。
- □ 112. 曾一再跟蹤過去的舊識，或是多次騷擾過去的情人。
- □ 113. 不讓皮膚傷口結痂癒合（就算是在公共場合也會自揭傷口），碰到壓力便以尖銳物品刺傷皮膚。
- □ 114. 似乎無法控制憤怒與仇恨，往往當場發作。
- □ 115. 被診斷為厭食症或暴食症患者。
- □ 116. 下列的非臨床術語，有兩個或兩個以上都適合拿來形容此人，如「可怕的」、「賤」、「神經病」、「不可理喻」、「瘋子」、「瘋狂」或「狂人」。

☐ 117. 加入某教派，或聲稱有個大師、師父或教練，讓她心悅誠服追隨到底。

☐ 118. 感到在此人身邊得小心翼翼。

☐ 119. 你知道此人患有某些人格障礙，例如表演型人格障礙、邊緣型人格障礙，或偏執型人格障礙。

☐ 120. 動怒時曾不只一次毆打配偶或情人。

☐ 121. 曾被診斷為躁鬱症、躁／鬱症狀，或有嚴重的情緒起伏。

☐ 122. 一直談論如何報復，或曾經動手傷害某人（像是車胎放氣、用鑰匙刮傷車門、寄送惡意郵件等）。

☐ 123. 大費周章、花上一大筆錢，或是千里迢迢的跟蹤、監視、騷擾別人。

☐ 124. 工作時對同事表現了強烈的憤怒。

☐ 125. 曾經破壞某個前同事、朋友、室友、戀人或家人的物品。

計分

☑ 依據檢核表開頭提及的評估方式，看看此人符合的陳述有幾項。

☑ 如果此人具備上述15到35項特質，他或許偶爾會對他人發洩情緒，不易相處，也很難共事。

☑ 如果分數是36到65，代表此人具備並表現了情緒不穩型人格的所有特質。他身邊的人會受影響，需要專業人士幫助。

☑ 如果得分超過65，這個人擁有多數情緒不穩型人格的重要特質，他可能會侵害你或其他人的人身安全，或者造成情感、心理或金錢的損失與傷害。

如果你正與這種人來往，請理解**他們需要求醫**，這種複雜而矛盾的性格應該交由專業人士處理。整個過程可能相當漫長，不過密集治療對他們有幫助，前提是他們願意求醫，並努力配合治療。

要是你因為與這種人共處而感到煩躁、不安、憤怒或沮喪，甚至受到傷害，那麼你可能需要專業人士協助。這些人性情惡劣，就算沒動手也能傷人至深。

面對他們時，必須設定嚴格的界限，並以你的容忍度為標準。儘管這一開始可能會造成反彈，但有助於達到某種穩定狀態，就算只持續一陣子也好。要是他們堅持越界，或者再度傷害你，那麼你就很清楚問題大了，**必須跟這種人保持距離**，誰都不希望你遭到虐待或迫害。話雖如此，如果你決定繼續和這人在一起，那麼這些傷害行為會持續發生，讓你的生活大亂。

如果這個問題人物正在考慮傷害自己，就算隨口說說或言語威脅，都請毫不猶豫的撥打一一九（或報警、找消防部門，或叫救護車），這種問題最好交給專業人士處理。

如果你有孩子，請記住，孩子們面對這種人毫無自衛能力，亟需你的保護。請採取自保措施，並且保護你的親人，你有義務幫助孩子免於這些人的怒火波及。本書第六章會進一步討論對付情緒不穩型人格的其他策略。

第3章

認為誰都不可以信任的偏執人格

你的看法他都貶抑
對每一份工作都不滿
搞神祕

一九九九年的電影《美國心玫瑰情》（*American Beauty*），演員克里斯．庫伯（Chris Cooper）精湛詮釋了主角的神祕鄰居法蘭克．菲茲上校，這名深居簡出的退休美國海軍陸戰隊員。光從肢體語言就可以看出這個家庭大有問題，菲茲的妻子反應很僵硬，不敢說話；門鈴響起時，每個人都會僵住，而菲茲的反應始終如一：不去應門，反問妻兒是誰在外頭。

菲茲對陌生人和好奇的鄰居十分戒備，把一切都鎖在屋子裡。在他眼中，世界正在分崩離析，而他是少數看得出來的人之一。幸好，他知道所有的解決方案。菲茲抨擊同性戀、外國人、黑人，以及他不完美的兒子。他不信任家人，不斷懷疑他們的忠誠。在菲茲家沒有笑聲也沒有柔情，好幾年都沒有朋友來訪。每件事情都按照菲茲的意思做，家庭成員動作遲緩、規律，深怕引起男主人猜忌，或煽動他的怒火。

菲茲不知變通又易怒，過度講究道德，誰接近他誰倒楣，尤其是他的家人。菲茲正是偏執型人格。

你會說，沒有人真的像那樣吧？那你就錯了。帶有這類特質的人多到數不清，我的鄰居就是其中之一。

我在邁阿密郊區長大，鄰居有位P先生，他很少走出家門，出門多半是為了斥罵那些在附近玩耍的孩子。他退休了，成天坐在窗邊監看有誰經過他家。他的妻子沒有朋友，也很少出門。我們跟她打過一次招呼，她也向我們揮手致意，結果遭到P先生大聲

第三章

認為誰都不可以信任的偏執人格

訓斥。他毒死了幾隻不小心闖進他家院子的流浪貓狗，還特地向我們吹噓這件事，言語中帶著警告意味。

我從來沒有看過P先生微笑或大笑，他整個人就是開心不起來。有一次某個推銷員帶著兩個箱子來我們家，展示各種窗簾樣品，結果P先生報了警。我不知道他在想些什麼，但我的母親不得不放下工作，來應付這些持續多年的種種不便。

附近的孩子只當他是怪人。我們覺得很奇怪，為何他不准妻子跟鄰居媽媽說話。也許有人會認為他很奇特，然而社會不會告訴我們這種人屬於偏執型人格。如果我們早知如此，或許會讓他享受他渴望的私人空間，我父母也不必為了想與他交好，而一再忍受羞辱，遭他大聲怒罵。

偏執型人格心中充滿了非理性的懷疑和恐懼。他們的猜忌漫無邊際，思考僵化、蠻不講理，因此他們好批判、充滿偏見、神經緊繃。他們**只看到黑暗隧道，看不到盡頭的亮光**，你幫他忙，他以為你別有用心，這種人認為利他主義者是包藏禍心的投機分子。

每個人心裡都有個預警系統，要我們提防危險。但**偏執型人格的預警系統常常運轉過度**，不時要他提防你、我、鄰居、同事、特定族群、外國人、政府等等。**這種歪曲的觀點主導了他的人生，也影響到他身邊的人**。

我演講時經常要求聽眾，若是認識這種人的請舉手。一開始，只會有少數人舉手，等到**我一一列出關鍵特質**，像是：容易感到被侮辱、好爭論、嫉妒、心懷舊怨、質疑他人動機、挑戰規定、恐懼、厭惡，或者討厭與自己不同的人，我就看到每個人露出像是漫畫中燈泡一亮的表情，舉起來的手也越來越多。有的人想到了辦公室某些人人避之唯恐不及的同事，忍不住噗嗤發笑或是翻白眼；但也有些人閉上雙眼表情沉重，看來像是深受其害。

在我多年的執法經驗中，我們無數次處理這類人造成的折磨傷害。然而就連警方也沒有妥善的理解這種人，這樣可能造成致命的結果。

阿肯色州小石城的傑瑞．凱恩（Jerry Kane）和他兒子約瑟夫（Joseph Kane）是偏執型人格，他們不相信政府和執法人員，自認不受法律管轄。某次他們因違反交通規則被警官比爾．伊凡斯（Bill Evans）和警長布蘭登．鮑戴（Brandon Paudert）攔下，凱恩父子二話不說便抽出自動步槍，殺死兩名執法人員。警車儀表板的鏡頭完整錄下案發經過，現在YouTube上還找得到。如果兩位員警事先警覺，眼前的兩人不只是怪人或不滿分子，而是極端反政府並且對抗執法系統的偏執型人格，或許不至於白白送命。

在你周圍，或許會看到這種性格的人：

● 認為你故意要超車，所以他緊跟你的車、不停按喇叭、閃前車燈、比出粗魯手勢並咒罵，甚至會一路跟到你家門口。
● 以為每個人都在打他妻子或女友的主意，所以這人在社交聚會上不停介入所有女

第三章
認為誰都不可以信任的偏執人格

伴與他人的談話，如果對象是男性更是如此，讓你沒辦法多講兩句。

● 最糟糕的約會對象，**自認萬事通**，而你只是他的聽眾，**不論你說什麼都要推翻，或是貶低你的想法**（毫不意外，你發現他沒朋友）。

● 某個親戚總是要拿一堆偽科學療法來說服你，或總說又發現哪位大師的觀點與他不謀而合。

● 同事老是抱怨為什麼別人能得到升遷與獎金，唯獨他沒有。

● 每週都跑去政府部門抱怨大罵，或威脅要提出告訴。

● 網路上的匿名攻訐，指控你居心不良，並說他很清楚你「真正的用意」。

● 神祕兮兮的鄰居對你宣稱新的世界局勢、各種陰謀論，或是美國聯邦政府受到祕密組織控制。

● 過去的同事或男友因為感到被辜負或是待遇不公，突然持凶器闖進你的辦公室。

● 天才科學家因為懷才不遇，搬到蒙大拿州一處臭氣沖天的小屋裡，為了向世人警告科技的威脅，寄出炸彈郵包（總共十六枚），導致三人死亡、二十三人受傷（「炸彈客」西奧多．約翰．卡辛斯基博士〔Theodore John "Ted" Kaczynski〕[20]）。

---

20 數學博士，不信任現代科技對人類的影響，多次寄出炸彈攻擊大學校園、航空公司，別號「大學炸彈客」，連續犯案十八年後，才於一九九五年被捕。

這些人不只性情古怪，還被非理性的恐懼和懷疑所宰制。**這種人容易被冒犯，而且反應過度，一旦被激怒、拒絕，或是被羞辱，就可能會變得極端危險。**

如果再帶有自戀性格，偏執型人格的暴力傾向就可能升高：無論是罪犯、邪教領袖，或者自訂規則的獨裁者，清理擋路的人事物都毫不遲疑。只要某個毫無預警的事件觸發，那麼結果可能如同克里斯托弗・多納（Christopher Dorner）一案，這位前洛杉磯警官極為敏感易怒，自覺被輕視，他於二〇一三年跟蹤前雇主，殺掉其中兩人，導致與警方對峙，最終引發一場槍戰。

儘管這種人暗藏危險，但相關研究不多，也很少人理解這種性格。面對這種人的麻煩之處在於，他們不認為自己有問題，而且會質疑別人伸出援手的背後動機。很多時候他們只是被自己的病態所掌控，於是我們也跟著遭殃。

永遠以猜疑眼光看待外界

每個負責處理報案的聯邦調查局探員都會告訴你，會客室跟線上來電多的是這類人物，我就碰到過。他們親自前來，或來電抱怨遭受威脅、控告敵人、檢舉陰謀和詐欺，或是其他公部門沒有受理他們投訴。

我還記得有時他們的配偶靜靜坐在一旁，苦著臉聽著他們謾罵，而這些伴侶還必須與這種人共同生活。有些伴侶則是請我們介入調解，因為這個偏執狂（通常是丈夫）花了一大筆錢買武器、應急避難處所、足以吃上兩年的補給品，還有淨水系統。調查局案件受理中心是他們的最後希望，因為其他家人都已經放棄了。當然，他們「沒有錢」去看心理醫師。

第三章
認為誰都不可以信任的偏執人格

我在受訓時並沒有學到這類危險人格的處理方式，後來浪費了不少寶貴時間試圖說明，或指出這些人的邏輯謬誤，這些時間原本可以拿來解決案件的。後來，我學會了聆聽，不再比對說詞，也不再提出證據反駁。**偏執型人格只希望自己的信仰得到驗證，而前提就是：一個順從的聽眾**。

電影和電視上出現的偏執型人格，往往是怒目圓睜、性格瘋狂的人，像是傑克．尼克遜（Jack Nicholson）在一九八〇年的心理驚悚片《鬼店》（*The Shining*）飾演的傑克．托倫斯。但那是好萊塢，**現實生活的狀況完全不同，而且更加難以察覺**。

有些偏執型人格十分**安靜內斂**，甚至有些害羞，但他們永遠以猜疑的眼光看待外界。有些人則**舉止誇張**、大聲喧鬧，甚至好鬥，由於這種人性好爭論，有他們在場，談話氣氛會變得緊張。他們也可能現身抗爭行列，搞得抗爭焦點轉向激烈言語衝突，甚至身體推擠、阻擋車輛、破壞公物。

偏執型人格的心理狀況或許脆弱，但有些人則絕頂聰明而且相當有成就。天才科學家卡辛斯基的智商非常高，精於製造炸彈，而且讓人無法查出來源。霍華．休斯

（Howard Hughs）[21]聰明富有，但是性格偏執，生命的最後十年隱居在旅館房裡，外界根本看不到他的蹤影。一九七九年，他在拉斯維加斯的酒店套房內孤獨死去。

吉米．李．戴克斯（Jimmy Lee Dykes）在美國海軍服役時曾獲獎章表揚，但多年來他「特立獨行」與破壞行為（例如，揚言誰接近他的地盤就格殺勿論、深夜裡帶槍巡視他家周圍），讓他在阿拉巴馬州米德蘭市（Midland City）的鄰居飽受驚嚇。鄰人一直不得不忍受這種偏執行為，但是二〇一三年一月二十九日，在戴克斯因為再次騷擾鄰居被傳喚出庭之前，他登上一輛校車，殺了司機，帶走一名五歲的學童當人質。這孩子被囚禁在戴克斯自造的地下掩體長達六天，直到特勤隊前往攻堅，擊斃戴克斯並救出小男孩。卡辛斯基和戴克斯為何會做出這種事？原因只不過是**毫無理性的恐懼，這是偏執型人格的本質**。

不論家中還是職場，這種人都找得出猜疑的對象。也許是鄰居、鄰居的孩子、天上飛過的飛機，或房子旁邊的電纜。他們需要空間、距離，甚至離群索居，以為只有這樣才能平息內心恐懼。可悲的是，這些都沒有用，因為偏執與恐慌發自內心。

他們可能會加入某些信念類似的組織、參加某些團體或教派，在這些團體中，偏執者不必說服別人認同他們的恐懼或古怪信仰。

當然，也有些人怪到骨子裡了，他們可能穿著奇裝異服（例如軍用迷彩服），身配大刀，或是穿上納粹軍服，只為了引人側目或嚇唬別人。人們自然會注意到他們的怪異，而且私下議論，這樣的反應又更助長了他們的偏執習性。

有的偏執者會加入某些散布仇恨的組織，並收聽廣播、參加集會；佩戴徽章、標語，或穿著類似衣物、紋刺青。這些危險人物尋找志同道合的「狂熱分子」，如同艾力・賀佛爾（Eric Hoffer）[22]在他的經典著作《狂熱分子》（*The True Believer*）中針對群眾運動和極權政府向讀者提出警訊。偏執型性格會加入三K黨、光頭黨、亞利安國（Aryan Nations），以及其他極端團體，**只有藉著高度仇恨與恐懼，才能為他們一事無成的生命帶來意義與目標**。

這種人也可能會與另一個理念相同的偏執型人格結盟，合力犯案。例如二〇一三年波士頓馬拉松爆炸案[23]的主謀沙尼耶夫兄弟（Tsarnaev）；以及提摩西・麥克維（Timothy McVeigh）與泰瑞・尼可斯（Terry Nichols），聯手炸毀了奧克拉荷馬州的聯邦大樓[24]。

第三章
認為誰都不可以信任的偏執人格

21 美國航空大亨、電影製片，電影《神鬼玩家》（*The Aviator*）即根據他的生平事蹟改編。

22 美國作家，曾獲總統自由獎章，探討群眾運動本質的《狂熱分子》是他最知名的著作。

23 二〇一三年四月十五日，波士頓馬拉松舉行當天，有兩枚炸彈在比賽路徑上引爆，造成三人死亡、一百八十三人受傷。

24 一九九五年四月十九日，奧克拉荷馬市的聯邦大樓遭炸彈襲擊，是九一一前最嚴重的美國本土恐怖攻擊事件，有一百六十八人死亡、超過六百八十人受傷。

如果他們找不到共犯，就會獨自進行，像挪威右翼極端分子布瑞維克，他擔心少數民族湧入挪威，於是在二〇一一年屠殺了七十七條人命，被害者大部分是兒童。

從偏執型人格光譜可以看到，這些人分布的範圍很廣，從暴躁易怒、惹人厭惡到極端危險、容易發作都算，儘管程度不同，這些人都具備同樣的關鍵特質。

疑神疑鬼、怕東怕西、遮遮掩掩

這種人的猜疑毫無根據，卻驅使他們不斷監控別人的言行舉止，衡量別人是否有惡意或是邪惡企圖，即使**別人在社交上不經意的怠慢，也會被視為心懷惡意；這種人喜歡保持神祕，不大透露自己的事**，可能會撒謊來護衛自己的信念，並掩飾行蹤或真實意圖。即使在家裡，他們還是可能把自己的物品鎖起來，不讓伴侶或其他家人碰觸。這種人常常有個保管箱或儲藏室，誰都不得進入。從這裡你可以看出差別，何謂一般的保護隱私、何謂偏執狂企圖衛護的領域——**他們連家人都不相信**。

偏執型人心中懼怕的人事物太多了，不可能逐條列出，他們防備的可能是黑人、天主教徒、猶太教徒、摩門教徒、浸信會、墨西哥人、穆斯林、非洲人、非英語系國家的人、電網、手機基地臺、食品來源、飲水加氟、鄰居、飛過頭頂的飛機、外來口音、墮胎診所、動物研究、製藥企業、新世界秩序、戴藍色貝雷帽的人[25]、歐洲人、麥克風、政府、國稅局、非白人、科技。噢，還可以再加上隔壁同事、老闆、經理、人資部門、電腦系統、保險公司、電子郵件系統，或許還有你。這些人各自有特別害怕、討厭或感到防備的對象，只要相處互動的時間夠長，最終都會慢慢浮現，或許他不會親口承認，但是他偏執、特異又危險的行事風格，終究會告訴你。

有些人過度多疑，甚至會記錄其他人的往來行蹤，人選包括同事、鄰居、家人、陌生人或任何經過身邊的人，卡辛斯基在他的偏僻小屋裡就會這麼做。前美國總統尼克森也有很多偏執型人格特質，他手邊有一份敵人名單，並一再對他人表示，他就是不能「對任何人交心」。

堅持己見、性好爭論、容易記仇

適應能力是健全人格的標記之一，讓我們可以擁抱新觀念，因應環境變化而改變。儘管我們堅持某些信仰（例如宗教或政治觀點），但依舊能理解其他人或許抱持不同想法。然而偏執型人格並非如此，他們自認高度敏銳，而且洞察能力超凡，因此**誰也別想跟他們爭辯**。在他們眼中，**邏輯與實證經驗毫無意義**，如果試著和他們講道理，可能會

25 聯合國維和部隊的識別標記。

被當作是與他們作對的陰謀家，更糟的是當成是敵人。

偏執型人格會選擇性的歪曲歷史，將無關的事件和想法串在一起，來形塑他們的觀點，為自己的行為辯護，例如：殺光執行墮胎的醫生。一九九四年，在佛羅里達州彭薩科拉（Pensacola），約翰・布里頓醫師（John Britton, MD）和朋友詹姆斯・巴雷特（James Barrett）走進一間婦科診所時，遭到保羅・希爾（Paul Jennings Hill）槍殺。在希爾偏執的腦袋中，槍殺布里頓醫師和他朋友（醫師的保鏢），就能拯救未出生的嬰兒，這項行為合情合理。**這就是偏執型人格：扭曲僵化、訴諸道德，而且理直氣壯**，拯救未出生的嬰兒賦予希爾殺人的正當性。

這種性格的人往往對一點枝微末節鑽研甚深，對某些狹隘的觀念特別執著，像是《聖經》的某一章節，或是與絕大多數人無關的某件政治、社會與法律議題。例如，前述的炸彈客麥克維關注的是一九九〇年代警方特勤組軍事化，而一九九二年北愛達荷州紅寶石山（Ruby Ridge）的警民對峙事件更讓他不滿，當時警方針對隱居的蘭迪・韋弗（Randy Weaver）一家採取軍事包圍策略。

麥克維的信仰加上仇視聯邦政府，最後策劃、炸毀了奧克拉荷馬州聯邦大樓，帶走一百六十八條無辜生命，其中包括許多幼兒。**偏執型人格並不講究邏輯或實證經驗**，他們會從歷史、深奧的文學作品、作者不詳的出處，甚至法律辭典中引述薄弱、模糊的例子來支持他們的論點。

第三章
認為誰都不可以信任的偏執人格

僵化的思考模式、固著的意識型態，加上選擇性記憶與非理性恐懼，就成了帶著仇恨的怨毒，這不是一般常見的反對或厭惡而已，而是毫不妥協、不把人當人看的一股恨意。因此造成了我們看到的犯罪意圖與行為：闖進教室，冷靜的對著學生開槍，無視於受害者慘叫、發抖。科倫拜高中槍擊案就是如此，艾瑞克·哈里斯和迪倫·克萊伯德這兩個性情偏執的青少年，自認獨一無二，有權奪走他人的性命。

許多偏執型人格採用暴力來解決問題，因為沒有其他方法，能達成他們侵犯界限的目標，效果也沒有這麼快。因此，你從他們的「奇特思維」可以看到下列邏輯：

如果我殺的科學家夠多，就能阻止科技進步。

——「大學炸彈客」卡辛斯基，用郵包寄出十六枚炸彈，造成三人死亡、二十三人受傷。

如果我炸掉一棟大樓，就能阻止聯邦調查局，並且廢止特種警察部隊。

——麥克維，炸毀奧克拉荷馬州聯邦大樓，造成一百六十八名婦女和兒童等人死亡、超過六百八十人受傷。

如果我在亞特蘭大奧運會引爆炸彈，那麼美國會終止墮胎手術。

——魯道夫（Eric Rudolph），一九九六年亞特蘭大奧林匹克公園炸彈客。

如果我殺了很多美國人，就能迫使美國從中東撤軍。

——賓拉登（Usama bin Laden），九一一恐怖攻擊的主腦，造成近三千人死亡。

如果我殺掉很多挪威孩童，政府就必須正視我的警告，看出穆斯林和外國移民嚴重威脅到挪威。

——布瑞維克在挪威殺害七十七人（死者多半是兒童）。

這種人的行動絕不可能帶來他們期望的結果，這點除了他們自己，誰都看得出來。事實上，這種人的邏輯不僅奇特，而且十分病態。儘管暴力根本無法促成他們渴望看到的改變，偏執型人格中最危險的那群卻會這樣思考。

難以平復舊傷、性好記恨

偏執型人格會存下過去的創痛，這一點很類似情緒不穩型人格（或者更嚴重）。你任

第三章

認為誰都不可以信任的偏執人格

何的無心過失，就算毫無惡意，都會在他心中留下汙點，也是不夠忠誠的指標，這種人不淡忘，也不原諒（包括你沒犯下的錯）。一旦你成為敵人，偏執者會理直氣壯的採取行動：可能躲開你、背後暗算、密謀反對你、破壞或摧毀屬於你的物品，在某些情況下甚至會殺害你。

歷史上有許多心態偏執、念念不忘歷史舊恨的人物。賓拉登以十一世紀十字軍東征，來合理化二〇〇一年的九一一恐怖攻擊；卡辛斯基則是以十八世紀工業革命作為蒐集舊怨的來源；而麥克維的不滿，來自美國聯邦政府處理一九九二年紅寶石山警民對峙事件的方式，以及一九九三年在德州瓦科（Waco）圍攻大衛教派的做法。對於偏執型人格，不斷累積舊恨傷痕有其必要，並藉此合理化自己的行為，而且他們蒐集舊恨的「起訴時效」可以早到歷史久遠的事件，也可能地理範圍很廣，毫無極限。

這些人非常善於回想過去遭遇的敵意、歷史錯誤，以及來自社會的輕視。**這些一點一滴蒐集來的舊傷，就是培養偏執人格的養料**，替他們的仇恨和行為找到藉口。希特勒的《我的奮鬥》（*Mein Kampf*），充滿冗長而漫無邊際的歷史傷口集結，可追溯到兩千年前的猶太人，就是最好的例證。

偏執型人格的關鍵字

以下是未經刪節，受害者形容偏執型人格的用詞：

充滿敵意、危言聳聽、孤獨、高傲、憤怒、末日的、惶惑、武裝、易緊繃、有成見、提防、偏頗、歧視、虛張聲勢、自誇、謹慎小心、斤斤計較、麻木無感、脾氣古怪、小心、謹慎、步步為營、冷漠、好鬥、愛抱怨、迷惑、令人困惑、輕蔑的、好辯、矛盾、控制狂、好掌控、抓狂、精神不正常、怪脾氣、瘋狂、詭異、好批判、殘酷的、粗魯、愚蠢的、**防禦心強**、滿是幻想、要求過多、令人發狂的、狂亂、難相處、不信道者、不信任別人、不安、懷疑、令人疲憊、無趣、怪異、嫉妒、飄忽不定、躲躲閃閃、極端主義、狂熱、恐懼、執著、言而無信、瘋子、挑剔、好大喜功、警戒、易受煽動、思想僵固、憎恨、憤恨、傲慢、隱瞞、躲避、精神緊繃、敵對、過度挑剔、過度敏感、不可理喻、易受影響、不輕信、不知變通、不友善、受傷的、狹隘的、不寬容的、暴躁的、非理性的、易怒的、與世隔絕、善妒、無所不知、瘋癲、思考僵化、狡猾、騙徒、**好興訟**、瘋傻、獨來獨往、癲狂、瘋病、發瘋、狂人、惡劣、精神不正常、千禧年信徒、疑神疑鬼、隨時備戰、眼光狹隘、卑劣、神經質、不願守法、難搞、裝瘋賣

第三章

認為誰都不可以信任的偏執人格

傻、狂誕、頑固的、淫穢的、迷戀、執迷、奇怪、攻擊性、**自以為是**、**過時**、過度苛求、過分敏感、奇特、令人費解、緊咬不放、悲觀、挑剔、偏見、渾身帶刺、挑釁、心理有病、愛爭吵、牢騷滿腹、質疑、激進的、反叛者、隱士、冷酷的、令人作嘔、嚴厲、可怕的、妄自尊大、持懷疑態度、多疑、驚恐、僵硬、嚴格的、**倔強**、善於求生、猜忌、緊張、簡潔、暴躁、對人造成威脅、精神不正常、敏感、詭譎、好殺、粗蠻、懷疑論者、不平衡、不相信、不屈服、不妥協、沒教養、不寬恕、不寬容、欠缺溫情、不穩定、不動搖、難親近、不健康、不屈不撓、緊張、受害者、自認被害、警覺、警醒、怪異的、悲情、退縮、擔憂、狂熱者。

極度保護自己，不會與伴侶或朋友交心

根據我在聯邦調查局投訴中心的經驗，**偏執型人格會逐漸疏遠周遭的人**，一點一點耗盡他人的善意、耐心與愛心。

我記得某次一位偏執型人格和妻子來訪，她看起來很傷心，不過依舊很有耐心的坐在丈夫身邊，令我印象深刻。而這位偏執的丈夫從一個破舊鞋盒中，拿出一張又一張的

剪報，口中不停抱怨咆哮，指控政府與聯合國。然而局裡跟我都對他的憤怒指控愛莫能助，於是一小時後他們離開了。當天稍晚，他妻子從公用電話打給我，滿口歉意，感謝我花時間傾聽。她解釋道，丈夫在越戰後變成這副模樣，一年比一年惡化，孩子也不再來看他們，他對政府錯誤政策的執著，搞得她筋疲力盡，她再也承受不住了。

我告訴她沒有必要道歉，也問她是否還好，她的回答讓我吃驚：「不，一點都不好。」她忍著淚回答：「他讓我活得像住在地獄裡，但我能怎麼辦呢？我走不了。」然後掛斷了電話。警察學校不會教你這個。我腦中仍有那個畫面：她可憐兮兮的坐在丈夫身旁，按捺著性子聽他咆哮。

這也是我決定在本書中加上偏執型人格的原因之一：因為這種人帶來的傷害多半是心理層面。這些人的家庭成員常告訴我，與偏執型人生活讓他們「情緒崩潰」。這個用詞很強烈，背後涵義也非常多。

說得更明確一點：**偏執型人格會榨乾你生活中的快樂，搞得你緊張兮兮、擔驚受怕、煩躁易怒**。因為他們要你看到他們眼中的敵人、要你對他們的恐懼感同身受，否則有問題的就是你。你在他們身邊無法放鬆，如果他們認定你不忠，會鄙視你、對你洩憤。你很快就發現，**這人心裡只關注某件事，不在乎你的希望和欲望**。

如果此人落在偏執型人格光譜上較為致命的一端，那麼你根本無從深入他內心世界，也不可能贏得信任。不只是你，包括他的家人、治療師、警察，誰都辦不到。他們無論是工作、度假、打電話，或在午餐的自助餐取餐臺，只要逮到機會就發洩怨憤。日常對話可以演變成謾罵，就連禮貌性的恭維也會引起他們的疑心。我父親有次告訴鄰居P先生，他喜歡P先生剛買的二手車，結果他更加防備我父親。

這種人逼你不得不改變生活方式，於是你不停調整自己，適應他們心中充滿疑懼的現實世界。他們若在公司與人發生衝突而遭解僱，你得出面解決，加班賺錢來補足收入；他們若是與鄰人發生爭執，你不得不幫他們解圍。

你必須改變生活步調來配合偏執者，因為他們往往變得狹隘孤僻，也**希望你變得跟他們一樣**，這種人也可能不可理喻、好爭辯。無論是哪一類，他們**要你也採信他們的信念，透過偏執的角度看待世界，就算你不願意也不行**。你必須把他們的敵人也當作自己的敵人。

如果偏執人格走到極端，可能會帶著家人遷居到偏鄉僻壤，例如前綠扁帽特種部隊成員蘭迪・韋弗和妻子，於一九九二年在愛達荷州紅寶石山搭建小屋，帶著孩子們隱居。這種人希望完全與世隔絕，深信某些末日事件即將到來，並成為「末日生存者」的一員。他們會做好萬全準備來因應想像中的可怕災難，這種行為往往讓家人行動受限，遭到外界嘲諷。

他們可以為了你難以想像的原因讓你身陷險境。我看過最悲哀的例子，就是偏執型人格將自己與孩子一起交給邪教約束，並與外界隔絕，例如那些追隨吉姆・瓊斯前往蓋亞那的信徒，他們讓孩子深入登革熱蔓延的髒亂叢林，忍受自戀自大的偏執領導者咆哮，而且最終這些信徒與孩子喝下添加氰化物的果汁冷飲自殺。一九七八年十一月十八日，那天有九百一十八人為了信仰（就那些孩子來說，是因為父母的信仰）白白送命。

不只是吉姆．瓊斯在蓋亞那的追隨者，一九八〇和一九九〇年代初，任何跟隨德州瓦科大衛教派首腦大衛．柯瑞許的信徒，也都遭遇生命危險。柯瑞許堅信自己具備神性，能解答一切問題，並認為世界末日就要到來。柯瑞許和瓊斯都要求信徒無條件的服從，誰要是反對就會有生命危險。請記住，如果你不和他們站在同一邊，就是敵人。

在偏執型人眼中，四處都是威脅，所以別寄望從他們身上得到熱情洋溢的親密關係。他們會以自己的方式照顧你，但真正的心力都放在猜測別人的想法，而且這種人極度保護自己，不會與伴侶或朋友交心，**與他們談話往往是原地打轉**，不停回到他們最偏愛的議題。這種人對他人毫無興趣，只關心當下潛心鑽研的問題，與伴侶的關係不深，而且只限於單一面向。

任何形式的衝突，在偏執者眼中都等同於攻擊，他們無法接受正常關係中的起伏。除非你想時時挑起爭端，否則最終只能屈服。其實，急性偏執型人格的配偶到頭來會成為《美國心玫瑰情》中菲茲上校的妻子那樣：一板一眼，表情木然，擔心隨時會爆發的激烈反應。

偏執型人格一開始約會時，首先會評估眼前對象是否夠順從，願意附和他的思考邏

第三章
認為誰都不可以信任的偏執人格

輯，**然而絕大多數人並不會察覺**。如果這個對象顯露出絲毫的懷疑態度，那麼偏執型人會馬上放棄，懶得花時間說服別人，因此選擇的伴侶大都願意接受想法、不加評判，也不會質疑。問題是，一般人多半沒有認識到這一點，也不曾聽說關於偏執型人格的警告，等到兩人結合，也就來不及了。

從偏執型人格的妻子或女友口中最常聽到的抱怨是，她的伴侶吃醋從來不需要理由，老是打電話到公司或家裡查勤，或事前也沒告知便突然現身。這些行為都不是出於關心，而是測試忠誠度。這種人會翻閱你的行事曆、通訊錄、通話紀錄或電子郵件，檢查你是否忠誠，有沒有做些他不允許的事。有次我帶領一個研討會，探討偏執型人格的人際關係，有位女子告訴我，她有證據顯示丈夫付錢請一組人監視並跟蹤她，但她只不過是要去另一個城市訪友。

偏執型人要求你棄絕社交活動，於是你最終與家人和朋友失去聯繫。他們的**理由是——誰都不可以信任**，因為他們的多疑與尖銳令人厭倦，連親人也受不了而慢慢疏遠。而且偏執型人多半會吸引同樣古怪特異的同類（也就是狂熱分子），打扮舉止與信念都與他們合拍，於是你可能也不想與他的朋友來往。

偏執型人在周遭劃下界限，限定家人只能生活在其中，接受他的監視與控制，例如，不准家人擁有手機或其他通訊設備，或用特殊軟體追蹤電腦按鍵記錄，了解你的真實想法、做些什麼勾當，避免你被外面的世界「汙染」，或不准孩子出外約會、不准在外逗留太晚或跳舞。

曾經有個女子詢問聯邦調查局，她丈夫不讓孩子去念公立學校，她該怎麼辦。這位先生甚至會在汽車輪胎下用粉筆做記號，確定他出門辦事時沒人用過車。怎麼說呢？這就是與偏執型人生活的寫照。

偏執性格會影響孩子，也會感染成人。喬安．麥考金（JoAnn McGuckin）和丈夫帶著七個孩子搬到愛達荷州鄉下，完全與世隔絕。她丈夫去世後，十九歲的長女愛蕊娜（Erina）發現家裡一切就是不對勁——幾乎沒有食物、自來水，也沒有暖氣。於是她向當局檢舉。喬安於二〇〇一年六月因疏忽並剝奪兒童權益的罪名遭到逮捕。

然而接下來警方前往麥考金家，試圖將其他孩子送往監護機構時，這些即將脫離貧困與骯髒環境的孩子毫不領情，反而進入偏執型人格的戰鬥模式：他們放出二十幾條狗攻擊警長並尖叫：「快搶他們的槍！」這幾個孩子還架起障礙，使用武器與警察對峙了一週。喬安和她丈夫把偏執性格教給了這些孩子，於是孩子不相信任何人。這樣的事件，不只讓親朋好友無比痛心與造成壓力，還加上地方政府調動警力，而且消防急救、救護車以及社會福利資源都得待命，直到對峙結束。

同樣的狀況也發生在瓦科的大衛教派聚會所。當時警方試圖逮捕柯瑞許，此舉卻被信徒解釋為侵犯柯瑞許的神性，而當執法人員著手從聚會所裡救出在場兒童，教徒卻放火焚燒建築物，寧可集體自焚也不願分開。整個對峙持續五十一天，造成七十六人死亡，其中包括許多無辜的兒童。在瓊斯鎮也是如此，我們再次看到偏執性格勝過為人父母的親情。

他們找得到工作，卻是辦公室不滿分子

有不少心理醫師告訴我，很多組織裡都看得到這種偏執型人格，他們多半是高功能患者，所以倒楣的往往是身邊的人。

學校裡看到的偏執型人，往往都相當聰明，但似乎就是無法成功或是得第一名，且他們人際交往的能力不良，在社團中難有貢獻，跟同學十分疏遠，得不到老師的推薦——這當然加強了他們心中認為別人都想看笑話的疑慮。

有時這種人會搞得自己蓬頭垢面，或打扮得有如隱士或「拓荒者」，這顯然不是一般工作場所的合宜打扮。他們也可能穿著類似軍裝並攜帶武器，威風凜凜的現身；或是以鮮豔的刺青、龐克髮型或剃光頭，營造出懷有敵意、陰險不祥的氛圍。

大多數**偏執者找得到工作，但他們對工作上的一切抱持懷疑，包括管理方式**、決策制定，以及自己為何無法升職。他們是辦公室中的不滿分子，可能公然挑釁或討人厭，也可能暗地密謀，擴大不滿氣氛。

這種人也是公司的破壞分子——小事絕對辦不好，報告一定遲交、交件延後、讓事

子被刮傷、從不回電、帳單遺失，如果情況不照著他的意思走，那情況會更嚴重。總之，偏執型人格是以被動以及半被動的侵略方式搞破壞，受害的是周圍的人，特別是他們眼中的敵人。

即使他們有本事把工作做得不錯，卻有可能異常**易怒**、**愛比較**、唱反調、怨言不斷。要是同事說悄悄話被他們看見，他們會**以為是在說自己壞話**。有時你會看到這種人喃喃自語，此舉更加深了他們的怪胎形象，如果聽到同事用外語交談（語言技能在工作上通常是加分），他們會馬上抱怨有人在背後說閒話。

偏執性格再加上好大喜功，這種人往往自認比其他人都聰明，連老闆也沒他英明，卻始終沒能升職。然而與這種人交涉又特別棘手，因為他們從不信任他人，與老闆爭執、懷疑管理者的動機、散布謠言、質疑工作流程、猜測他人得到偏愛，或是愛打官司，於是在職場惡名遠播。他們有可能不斷寫信抱怨，在體制內表達對主管的不滿，或是在體制外檢舉，要執法單位介入調查。

要特別強調一點，商場非常成功的人物，有些也符合偏執型人格的標準，這些人各有各的怪癖與個性，但都與偏執型人格一致。就像億萬富翁霍華・休斯患有強迫症，也有偏執型人格，他完全與他人隔離，以為電話被竊聽，越來越討厭與人接觸，只肯接見少數幾個他絕對信任的人（這些人被稱為休斯的「摩門黨羽」，因為休斯大都聘請摩門教會成員為他做事）。

第三章

認為誰都不可以信任的偏執人格

一般企業或許以為，對付這種人最好的辦法，就是將「問題」員工換個部門。然而，這些人不管在哪工作都會是個問題，而且請記住，**偏執型人格可能隨時發作，只是不清楚時間點，也不知道導火線是什麼**。就連警察執勤時碰到這種人也難以招架，像是一般路檢、出示拘票，或是處理家暴事件。要是此人有酗酒問題，或服用古柯鹼、安非他命、甲基安非他命等藥物，使用暴力的可能性更高。

儘管「校園槍擊」、「員工懷恨」、「公路衝突」、「瘋狂暴力」這些用詞在當前社會幾乎都見怪不怪了，但很少人會因此聯想到偏執型人格，其實這些字眼與偏執者有相當密切的關聯——如此憤怒並犯下暴力案件的人，多半都帶有偏執個性。

在老師、同學，或同事眼中，這些人只是行為奇特或是個性古怪，卻看不出偏執型人即將發作的警訊。

要是偏執型人格站上領導位置，或是成為政府官員，那麼他們所能造成的威脅超乎想像。歷史上的許多悲劇，就是肇因於偏執型人格根深柢固的懷疑、恐懼與憎恨。史達林、希特勒、柬埔寨獨裁者波布都有著嚴重的偏執型人格，害怕不存在的敵人，要求支持者也毫無理由的防範想像中的敵人。他們害死了無數人命，這種罪行無法以言語定義，喪失一條生命已經是悲劇，那麼超過三千萬人命（史達林）、超過五百萬（希特勒），或超過一百二十萬條人命（波布）該怎麼形容呢？況且這些數字還只是保守估計，這麼龐大的死亡人數超乎我們的理解能力。

然而如果我們刻意忽視，放棄行動，不願正視現實，那就等同於被動的輕忽這項事實：偏執型人格若是站上權力頂峰，無盡的災難就會隨之而來。

總之，**這種人會持續破壞人與人間的穩定關係，撕裂信任，破壞和諧與人際連結，**以及家中、公司、社區，甚至國家之間的交流，**病態偏執型人格的可怕與可悲之處就在這裡**。

偏執型人格檢核表

偏執型人格的警訊

前文提到過，我以多年辦案經驗設計出不同的行為檢核表，以便評估辦案對象是否屬於危險人格。這些詳細精確的檢核表，能幫助你分辨對方是否屬於偏執型人格，而且落在光譜的哪一處（從小心眼、好爭辯、嚴苛、多疑惹厭、質疑一切，到極端不穩定、易怒以及危險的程度），協助你精確判斷該如何對付此人，研判此人的偏執程度，是否會對你或他人構成威脅。

本章以及其他章節的檢核表是專為日常使用而設計，適合未受過心理健康專業訓練的一般大眾使用。這不是臨床診斷的工具，目的是教育、告知、證實你看

第三章
認為誰都不可以信任的偏執人格

到的與經驗過的。

仔細閱讀檢核表上每個陳述，符合的請打勾。請對自己誠實，回想你聽到這人的言語、看到他的行為，或旁人告訴你的事件。當然，最好的證據來自你的觀察，以及當你與此人相處時的感受。

只勾選適用的陳述。**不要猜測或自行延伸，只選擇完全符合條件的選項**。如果不確定，請勿勾選。有些陳述似乎一再重複或看來類似，這是特意如此設計，意在捕捉不同行為的細微差異。

請務必從頭到尾勾選完整張檢核表，這樣才能提高效度。檢核表的內容完全涵蓋各種隱微但關鍵的問題，或許你可能從來沒想過，不過有些陳述會觸動你早已遺忘的事件。就算是頭幾項陳述並不符合，或者你覺得已經足夠了，無論如何都請仔細讀完每一條陳述。

檢核表中會交替使用性別代名詞（他或她），這些陳述也適用於不同性別。結束之後會評估計分，現在請勾選符合的陳述。

□ 1. 相信別人企圖以某種方式利用或傷害他。
□ 2. 心中充滿了毫無道理的懷疑，認為他人不忠實。
□ 3. 不願相信別人，認為別人有心欺瞞。

□ 4. 心中帶有無端恐懼，認為別人會以不實資訊對付她。

□ 5. 就算別人心存善意，這種人也會認為他人意圖貶低或威脅。

□ 6. 可以記恨很久，就算經過多年，也不輕易原諒別人輕視他。

□ 7. 對別人如何看待他非常敏感。

□ 8. 一丁點的蔑視態度就能引起他的憤怒，似乎總是有很多事可抱怨。

□ 9. 總是毫無理由的懷疑伴侶或戀人不忠。

□ 10. 對生命的看法悲觀，或自認遭到迫害。

□ 11. 習慣質疑他人的意圖，包括自己的伴侶、情人、家人或同事。

□ 12. 毫無理由的懷疑他人、事件、物品，或任何不熟悉的事物。

□ 13. 動不動就生氣，在他人眼中是很容易被觸怒的人。

□ 14. 毫無理由的嫉妒或吃醋。

□ 15. 不信任別人，特別是外國人跟少數族群。

□ 16. 對於生活似乎感到高度焦慮。

□ 17. 感到必須提防外界，有必要保持神祕，行事說話拐彎抹角，或認為周圍的人都是如此。

□ 18. 不情願或不願意與不同觀點交流，隨時準備駁斥他們。

第三章

認為誰都不可以信任的偏執人格

□ 19. 認為玩笑話別有目的，暗藏反對意見。
□ 20. 堅持理念想法毫不屈服，固執己見。
□ 21. 對於多數人不在意的新聞事件似乎如數家珍，而且清楚知道那些事件的細節，以及尚未證實的種種資訊。
□ 22. 認為自己合乎邏輯，但其實邏輯有誤而且歪曲事理。
□ 23. 常常與人爭執，或時時挑起爭端。
□ 24. 對於困難過度誇大，而且以為都是衝著自己來的。
□ 25. 認為自己遭到下列對象的迫害：生活、社會、政府、家庭、同事。
□ 26. 社交上遭他人輕視；刻意蒐集別人淡忘的事蹟與錯誤，並且牢記在心。
□ 27. 出名的小題大做，總是做最壞打算，或把事情想像得超乎常理的糟糕。
□ 28. 無法放鬆，似乎時時警戒，總是態度嚴肅，缺乏幽默感。
□ 29. 欠缺溫柔與熱情，眼中的一切都會製造緊張與威脅。
□ 30. 一直採取敵對、固執或自衛的態度。
□ 31. 希望握有權力，因此尋求捷徑，以欺騙或非法計謀來達到掌權目的。
□ 32. 對別人說不出任何好話。
□ 33. 不願與他人交心，也不肯透露自己的事。

□ 34. 需要很大的空間，非常討厭別人靠近或是站得太近。

□ 35. 討厭別人看他的房子或是車子，很可能會破口大罵。

□ 36. 談話內容常常充滿了對當權者的憤怒或仇恨。

□ 37. 即便兩人距離很遠，他卻表現出一般人對別人站得太靠近的反應。

□ 38. 穿著或佩戴一些帶著仇恨與恐懼的飾品、刺青、標誌或其他象徵（例如保險桿貼紙）。

□ 39. 對於自己做的事或是想法似乎總是保持神祕。

□ 40. 朋友很少或根本沒朋友。

□ 41. 持續注意他人是否密謀陷害他，或是計畫對他不利的跡象。

□ 42. 行事怪異，或是被人認為異常奇怪。

□ 43. 他認為各種組織（政府、國稅局、公司、教堂、學校、雇主）都企圖害他或打壓他。

□ 44. 他聲稱過去的工作失敗跟感情不順，都是別人的錯。

□ 45. 自認對每件事都能完整記憶，並且以此與他人爭論，儘管他的記憶常常有誤而且立場偏頗。

□ 46. 思想信仰和偏見毫無變通可能，受到質疑時就變得蠻不講理。

第三章

認為誰都不可以信任的偏執人格

□ 47. 加入某仇恨團體或組織，毫不包容跟自己不同的人。
□ 48. 抨擊工作上得到升遷的人，認為背後一定有陰謀詭計，或是帶有懲罰、打壓他的目的。
□ 49. 對他人存在一種無孔不入的猜忌，就算是熟人也一樣。
□ 50. 過度以為自己很重要，或相信自己絕不會錯。
□ 51. 用盡辦法與別人隔絕，無論是在學校、公司，甚至在大城市中，都選擇獨來獨往。
□ 52. 堅信別人最終會辜負他或利用他，所以總是心懷戒備。
□ 53. 就算別人態度友善，依舊認定別人總有一天會露出「真面目」或真實的情緒。
□ 54. 拒絕讓孩子上學，擔心他們會受到壞影響，或被「汙染」。
□ 55. 她對生活有種無止境的緊張焦慮。
□ 56. 試圖控制別人的想法。
□ 57. 總是焦慮，擔心厄運、毀滅性的大災難到來，或各種形式的傷害發生。
□ 58. 似乎認為整個世界都不能信任，充滿欺騙。
□ 59. 不願去看醫生，對於醫生、醫療器材或整個醫學界都充滿懷疑。

□ 60. 不能容忍別人的意見。
□ 61. 伴侶或家人總是擔心此人出門後，可能會跟別人發生衝突，或是把場面鬧大。
□ 62. 一再與主管發生爭吵。
□ 63. 認為學校、學校系統或教師存心找他（或孩子）麻煩。
□ 64. 似乎對主管毫不尊重，自認比誰都優秀。
□ 65. 提出各種歷史事件來證明，她與其他人如何遭到陰謀陷害。
□ 66. 希望別人與他說話時能站得比一般距離遠一些，要是這空間被侵犯，他會很焦慮、煩躁或生氣。
□ 67. 因為他擔心有人或有某個團體要來抓他，因此買了武器，或在手邊放著武器。
□ 68. 發生多次法律糾紛。
□ 69. 即便向陌生人求助，依舊不信任他們。
□ 70. 每個人在他們心中都有個信任度的評分。
□ 71. 對於機構、科技、科學家、食物，或其他個體與公司，抱持莫名恐懼。
□ 72. 她會針對懷疑的對象與組織，或是她認為圖謀對付她的對象，蒐集相關

第三章

認為誰都不可以信任的偏執人格

文章剪報、圖片或車牌號碼。

☐ 73. 吸食古柯鹼、安非他命或甲基安非他命。

☐ 74. 以為電話被監聽、房裡被放置竊聽器。

☐ 75. 認為醫生害人多過救人，也不信任現代醫學或製藥公司。

☐ 76. 自認超越法律，或是自稱「主權公民」，拒絕繳稅，認為即使沒有駕照或車牌也能開車。

☐ 77. 需要嚴格控制家中每一個人。

☐ 78. 如果有人不小心闖進他的土地，會非常生氣。

☐ 79. 經常介入別人的私事，尤其針對家中成員。

☐ 80. 試圖控制他人的意見，要求別人同意他的看法。

☐ 81. 對很多事常常只有單向的思考。

☐ 82. 威脅配偶或伴侶不得洩漏關於他的一切事情。

☐ 83. 採取他所謂的「緊急」、「緊急應變」或「撤退」等演習，模擬因應威脅與「末日」的說法。

☐ 84. 禁止家人與外人交談，就連郵差也不行。

☐ 85. 看到家人花太多時間跟朋友講電話，他會很不高興。

□ 86. 為了懲罰或報復他人而弄來武器或是製作爆裂物。
□ 87. 高度講求道德，喜歡批判他人。
□ 88. 伴侶或孩子回家時會遭到盤問，他們去了哪裡、做了些什麼，而且必須提供所有活動的細節。
□ 89. 定期檢查家人的手機，了解通話及訊息紀錄。
□ 90. 曾經跟蹤伴侶的車，或是偷偷安裝追蹤器。
□ 91. 此人會撥打（或重撥）家中的已接來電紀錄，或是詢問家人有誰曾經來電以及通話內容。
□ 92. 不准家人使用手機、電腦，或其他電子設備，以免家人與外界溝通而受到「邪惡」的影響。
□ 93. 如果他的想法、理念與邏輯遭到挑戰或嘲弄，會變得非常生氣。
□ 94. 他人若是看不到他指出的威脅，就被他當作太傻或太天真。
□ 95. 阻止或限制家人（包括伴侶與子女）的行動，避免遭受來自外界（外人、不信神的人，或想法不同的人）的影響。
□ 96. 只有她清楚了解外頭有什麼樣的威脅。
□ 97. 人比較傲慢苛刻。

第三章
認為誰都不可以信任的偏執人格

- □ 98. 曾因為與同事或主管爭吵而遭解僱。
- □ 99. 以高道德標準看待世界，非黑即白，沒有灰色地帶，思考毫無彈性。
- □ 100. 此人的人際關係欠缺愛意、柔情或同理心。
- □ 101. 曾經遭到想法相似的人利用或占便宜。
- □ 102. 不體諒他人，或言行粗魯。
- □ 103. 擔心醫生會用自己的身體進行實驗，或植入某種設備。
- □ 104. 經由閱讀、廣播，網路或其他方式不斷強化自身的信仰或恐懼。
- □ 105. 他的伴侶或親人往往得幫他緩頰，或是為了他的言行代他道歉。
- □ 106. 曾經以各種方式口頭威脅他人，或是讓別人擔心自身安危。
- □ 107. 曾經殺死（或試圖毒殺）不小心闖進他家範圍的外來貓狗。
- □ 108. 常常打電話去當地政府抱怨許多小事。
- □ 109. 他看待社交與人際關係的往來人等，只劃分成贊同他與反對他兩類。
- □ 110. 由於理念不同，或是好爭辯、指控或質疑的作風，使得至少有一名家人已不再跟他往來。
- □ 111. 無論寫信、電子郵件，或者其他溝通方式，都是用來攻擊的手段。
- □ 112. 認為天上的直升機或飛機正在跟蹤她。

□ 113. 希望找到跟他一樣多疑，而且不輕易信任別人的人。
□ 114. 曾經表示他除了自己，「誰都不相信」。
□ 115. 不喜歡別人站在她身後，這會使她煩躁、緊張，或明顯不舒服。
□ 116. 只喜歡與那些接受他的古怪奇特、極端思想的人作伴。
□ 117. 似乎從來沒快樂過，總是暴躁易怒。
□ 118. 看起來總是心事重重的模樣。
□ 119. 在家裡或工作場所會保有一個祕密區域，誰都不能靠近。
□ 120. 不時提起或真的搬到鄉下，遠離人群，表達出對身邊人的不信任。
□ 121. 已經加入或調查某個跟他有同樣信念的團體、組織或教派。
□ 122. 對藝術與音樂的欣賞前提是，必須支持她的信念。
□ 123. 定期演練與檢查武器，以便隨時能應付任何威脅。
□ 124. 聽到或看到車輛經過，會趕緊上前檢查，甚至記錄時常看到的車輛特徵，對外聲稱要執行監督。
□ 125. 手上有一張敵人列表，把她認為可疑的人都寫上去。
□ 126. 常在夜晚外出，或是在不尋常的時間出門偵查四周，探察他認為可疑並構成威脅的鄰居或是人物。

□ 127. 似乎總是不安，隨時準備行動；無法長時間做同一個工作。

□ 128. 總是害怕有災難發生或是末日逼近。

□ 129. 大家都知道此人愛抱怨、挑撥離間，什麼都看不順眼。

□ 130. 曾因為怪異孤僻或固執，而遭他人排斥。

計分

☑ 依據檢核表開頭提及的評估方式，看看此人符合的陳述有幾項。

☑ 如果此人具備上述20到25項特質，他或許偶爾會對他人發洩情緒，不易相處，也很難共事。

☑ 如果分數是26到60，代表此人具備並表現了偏執型人格的所有特質。他身邊的人會受到影響，需要專業人士幫助。

☑ 如果得分超過60，這個人擁有多數偏執型人格的重要特質，他可能會侵害你或其他人的人身安全，或者造成情感、心理或金錢的損失與傷害。

要是你交往的對象符合偏執型人格的標準，那你的麻煩可大了。如果這個人的症狀還算輕微，他們會慢慢折磨你，追問每件事，**這種人對一切都抱持疑心，當然也包括你。**隨著時間過去，他們的懷疑只會變本加厲，思想更加頑固、更僵化。對任何長期的關係或家庭都是挑戰。

如果這種性格位在光譜極端、有害的那一邊，他們可能非常難應付，爭執成性，疑神疑鬼，或者根本是危險人物。**問題是，沒人能猜出他們的反應，也不清楚觸發他們施暴或發怒的原因是什麼。**我們只知道，他們符合偏執性格的特質越多，就可能更加不穩定、更危險。當然，他們可能成為激進的極端分子，危害自己與他人生命，就像「大學炸彈客」卡辛斯基。

採取說服規勸，或與他們爭論，通常毫無進展。事實上可能適得其反，因為他們會當你是敵人，認為你無法像他們那樣從獨特與清晰的角度看事情，或持反對立場。

要讓這種人尋求專業協助也不容易。不論他們處在偏執光譜的哪一端、嚴重與否，**他們都不覺得自己有問題**，因此極少求助於專業人士。

當然，工作場所裡的偏執型人格是種麻煩，不只是因為他們製造分裂，而且他們容易自覺遭到蔑視而發脾氣。你應該特別小心檢核表中得分高的偏執型人，提防任何攻擊跡象，尤其是當他們遭到指責、警告或職位降調，如果他們被解僱，那更要小心。

如果職員的伴侶具有偏執型人格的所有特質，那便是另一種威脅了，像是家庭糾紛、吃醋，或將家中的衝突帶到辦公室裡，危及其他同事。我曾讀到報導，有個女子在公司遭到前夫射殺，這人還順便殺了周圍的同事，我不得不再次懷疑，這是急性偏執型人犯下的案件。

如果你從事的行業曾遭到抗議分子威脅，或曾經是極端分子的目標（墮胎診所、醫事研究、化學工廠、動物實驗、木材工業、建築業、核能產業、煤炭生產、輸電網路和塑膠原料等等），遭受危險或暴力威脅的可能性會高很多。

不論是在家還是工作場合，處理偏執型人格都要非常謹慎，特別如果此人曾有施暴紀錄或是懂得使用武器。我們**無法預測此人的暴力行為受到觸發的原因**，所能做的只有檢視過去行為模式，以及他們在危險人格檢核表的得分。**若是此人最近正面臨壓力**（離婚、關係破裂、降職、失業、增加藥量或多喝酒等等），**再加上身邊有武器**，要是這些因素都成立，那可是非常危險的組合。

如果遇到這些人，首先要認清他們的本質，不要試圖爭執或說服。如果他們顯露出任何攻擊或施暴的跡象，或是要求你協助他們進行危險或犯罪行為，那麼最好的對策是迅速脫身，可能的話也警告其他人。

如果這種人的行為太過分，或是太不人道（多半發生在邪教裡），而你已無法應付，或是感到生活中已無快樂可言，那麼請與他們保持距離。既然情況如此嚴重，你沒有必要折磨自己。要是你仍決定和他們在一起，基於前面寫的許多警告，你應該知道日後會發生什麼情況，所以如果這人越來越偏激，你也不必太驚訝。請不要變得像《美國心玫瑰情》裡菲茲上校的妻子，或是像我在邁阿密鄰居的妻子：空洞、退縮、鬱鬱寡歡。

要注意的是，**這種人與世隔絕，也要你跟著被孤立，而且當他們認定目前已經無路可走**，就會變得更極端，暴力傾向也會更嚴重。本書第六章會討論進一步對付偏執型人格的其他策略。

第4章

獵食者無歉意、不會悔改

黑心商人　慣犯　啃老族
吃軟飯　騙錢的親友

FBI教你認出身邊隱藏的危險人物

DANGEROUS PERSONALITIES

那雙眼睛盯著我，眨也不眨，冷靜的就像爬蟲類。我凝視這雙眼，耳邊隱隱聽到的沙沙聲響，像是個警訊。

那當然不是一條蛇，在一九七〇年代，我還是個年輕警察，當時我逮捕了一名觸動防盜鈴的小偷，他乖乖聽從我的指令上銬，毫不抵抗。即便我身材高壯，而且已經制伏嫌犯，但老實說，那人盯著我時，我居然微微發抖。我聽到的聲音，是配槍彈匣裡子彈的撞擊聲，因為我的腦子與身體本能的意識到，眼前正是一名獵食者。我回到警局後搜尋了他的犯罪紀錄，果然無所不包：這個前科累累的傢伙最近才出獄，犯過偷竊、搶劫和傷害罪，是個不知悔改的慣犯。

你可以告訴別人何謂邪惡，也可以拍成恐怖電影，甚至可以用筆墨描寫。但**除非你親身面對邪惡，否則你並不真的了解**，也不可能深入他的心理層面。這就是我那天的體會，也是我永遠不會忘記的教訓。我的潛意識告訴我，這可不是一般的罪犯，也在日後更加深刻體會——獵食者對我們的影響，可以深入潛意識層面。

閱讀本書的每個人，在人生的某個階段都會碰上這種人：他們對法律制裁毫不在意，就算造成他人痛苦也毫無反應，恣意犯罪。在所有危險人格中，獵食者造成的傷害最大。根據知名心理學家和精神疾病研究者羅伯特．海爾博士表示，這種人的數量其實多達百萬計，因此我有充分理由相信：**每個人在生命中，過去、現在與未來都可能接觸到這種人**。

第四章

獵食者無歉意、不會悔改

獵食者其實只有一個目標：吃乾抹淨。一般人難以想像這種人的所作所為，但他們會一而再、再而三做出這些事情：掠奪、搶劫、加害與毀滅就是這些人的生活目標。一般人的生活大都圍繞在建立關係與追求成就，獵食者則專門找機會謀取私利，這是他們天生的行為模式。

這些人的思考方式與我們不同。我們會平等看待他人，不過**在獵食者眼中的人只有兩類，即滿足需求的機會，或是擋在前方的絆腳石**：如果他們需要車子，就動手偷；如果他們想要性，就找個對象犯案；如果他們需要錢，會找機會對你祖父母的銀行帳戶下手。就算你在他手中僥倖逃過一死而活下來，但某部分的你，像是信任、自我價值、尊嚴，或是對他人的信心，就永遠不見了。

一般人願意信任他人，這樣的天性碰上獵食者便成了弱點，這種人不受良心約束，眼中沒有情感連結、道德或是法律。對他們來說，人生沒有「停車再開」這種號誌，法規、規定、限制、鎖或圍欄只不過是可以消除的障礙。

一般人按照規則辦事，但獵食者認為這種乖乖牌是蠢蛋、輸家，讓人瞧不起，可以拿來取笑貶低甚至凌虐，最後甚至殺害。

因此儘管多數人努力追求成功，但獵食者衡量成功的標準在於如何利用我們。他們洞悉人心，擅長找出弱點，鎖定的目標多半是那些脆弱、受傷害、掙扎求生、輕信他人、易受影響或是較無能力抵抗的人。接著獵食者會撲向獵物，有時巧妙接近，有時則凶猛進擊。

光從人的行動或是外表，獵食者就看得出哪個是目標：會靠近車子指路的熱心路人、背負重物的購物者、輕信陌生人的孩子、抄小路的孤身少年、天真的老夫婦、願意開門迎客的家庭主婦。他們不必思考便能判斷，就像系統自動執行的軟體，持續找尋機會與弱點。

獵食者不必闖進你家，他很清楚該連上哪些聊天室，引誘你家孩子陷入他的掌控，也知道該如何詐騙聯邦醫療保險和醫療補助，得手數十億美元。他們知道哪些銀行最容易搶、哪些店家最方便偷，也很擅長藏身於有一定社會地位的知名組織，也許是醫院、慈善機構、警察部門、學校、體育機構或是教會。獵食者披上職業的外衣與合法面具，掩蓋他的勾當，進行他的陰謀。

例如泰德・邦迪、約翰・韋恩・蓋西（John Wayne Gacy）[26]，以及傑弗瑞・達默（Jeffrey Dahmer）[27]，這些連環殺手相當知名，然而他們只不過是整體的一小部分。

每一個連環強姦犯、皮條客、戀童癖、人口販子以及強盜，全都屬於獵食者，那些虐待老人或兒童的人也是。有些人我們會從報章雜誌讀到，有些過於驚世駭俗而成了電影小說題材，結果永久流傳。例如銀行搶匪傑西・詹姆斯（Jesse James）[28]、布屈・卡西迪（Butch Cassidy）[29]、開膛手傑克（Jack the Ripper）[30]、約翰・迪林傑（John Dillinger）[31]、艾爾・卡邦（Al Capone）[32]、帕布羅・埃斯科瓦（Pablo Escobar）[33]、伊恩・布雷迪（Ian Brady）[34]、詹姆斯・「白毛」・巴爾傑二世（James "Whitey" Bulger Jr.）[35]，以及「華衣教父」約翰・高蒂（"Dapper Don" John Gotti）[36]都是獵食者。這些人的差別，只在於剝削或犯罪行為的模式與偏好不同。

儘管監獄裡關的都是這種人，但逍遙法外的更多，你沒有必要受獵食者傷害，他們會痛打伴侶、虐待患者、恐嚇員工、挪用公款、欺負老實人、擔任公職卻貪汙，甚至擔任國家元首卻屠戮人民。這種人會攜帶公事包、筆記型電腦、背包、《聖經》、足球，

---

26 美國連環殺人魔，先性侵再殺害多名男孩與年輕男性，犯案至少三十三起。
27 美國連環殺人魔，別號「密爾瓦基食人魔」，會在性侵、殺害被害者後，加以分屍烹煮，至少曾加害十七名少男、年輕男子。
28 美國西部時代的不法之徒，常出現在相關主題的影視作品中。
29 西部時代的知名銀行、火車搶匪。
30 十九世紀英國知名連環殺人魔，專挑妓女下手，真實身分至今仍有爭議。
31 美國經濟大蕭條時期的銀行搶匪，搶劫多家銀行，越獄兩次，有「頭號公敵」之稱。
32 美國知名黑幫老大，勢力以芝加哥為中心，事蹟多次被改編為電影。
33 哥倫比亞大毒梟，將古柯鹼走私進美國致富。
34 英國人，與戀人兼同夥米拉・韓德利，涉嫌殺害四名兒童、青少年。
35 美國幫派分子，涉入各種案件，包括十九宗謀殺案。
36 紐約黑幫分子，常在公眾場合露面時，身穿昂貴的服裝，因而得到「華衣教父」外號。

或是抱著嬰兒；但也可能持有小刀、槍枝、開山刀、冰錐、毒藥和繩索。獵食者可能是你的老闆、宗教領袖、隔壁同事、理財專員、你家孩子的夏令營輔導員、你母親的看護、你的保母、你帶進臥室的對象，或者你的隔壁鄰居。

喬治・崔帕（George J. Trepal）是高智商的門薩協會（Mensa International）[37]成員，也是專業化學家。他討厭鄰居珮姬・卡爾（Peggy Carr）跟她的孩子，嫌他們在院子玩得太吵。一九八八年崔帕在可樂瓶中加了鉈（thallium）這種劇毒，害死了珮姬，也幾乎冷血毒殺了卡爾家的孩子。從獵食者的角度來看，這種方法顯然**可以迅速解決問題**，非常合情合理。

一九七八年，約翰・萊昂斯（John Lyons）在亞利桑那州水晶鎮附近停下車，幫助受困的機車騎士蓋瑞・帝森（Gary Tison）和蘭迪・格林納瓦（Randy Greenawalt）。然而萊昂斯的好心卻換來殺身之禍，這兩人不只殺了萊昂斯，還有他車上的家人。為什麼呢？跟崔帕一樣，帝森與格林納瓦需要迅速有效的解決問題，而且他們才剛從監獄逃出來，當然不希望被發現。

英國海德（Hyde）的哈羅德・希普曼（Harold Shipman）醫師的病患以為，醫院是個安全的所在，要是生了重病，那麼沒有比醫院更好的地方了，然而事情並非如此。從一九七一至一九九八年，超過兩百名病患死在希普曼醫師手上，他們的珠寶、金錢被希普曼拿走，希普曼甚至偽造文書，在病患遺囑裡加上自己的名字。

第四章

獵食者無歉意、不會悔改

二十多年來，大家都十分同情提姆與瓦妮塔・霍伊特夫婦（Tim and Waneta Hoyt），他們的新生兒不斷死於嬰兒猝死症（SIDS, Sudden Infant Death Syndrome），直到一位檢察官仔細追查後發現，瓦妮塔故意殺害自己的孩子。這些孩子就像希普曼醫生的病人一樣，待在理應安全的地方，但身邊卻不是個好人，而是獵食者。這些嬰兒之所以送命，只是因為瓦妮塔受不了他們的哭泣，於是孩子出生後不出幾個月，便一個個被她悶死。

因此我們可以看到，**安全與否不在於地點**（街道、公路、醫院，或家庭），**而是獵食者是否在附近潛伏**。這些人現身並接近你，加上他們冷酷的天性，提高你被害的機率。是否有人遭受折磨或遇害、喪命或倖存，完全由獵食者掌控。

這也是作家安・魯爾（Ann Rule）學到的教訓。她在一九七〇年代服務於求助熱線，後來寫成一本引人入勝的書，記述與她共事的同僚，也就是惡名遠播的連環殺人魔泰德・邦迪，後來居然成了獵食者。她能夠活下來並寫出《身邊的陌生人》（*The Stranger Beside Me*）的唯一原因，就是邦迪沒有拿她當目標。

如果你想到獵食者，請想像颶風或龍捲風——巨大無比的摧毀力量，肆虐後留下大片斷垣殘壁，也就是身心破碎的受害者。對於許多人來說，這種傷害是直接的，有些則是間接傷害：每個親戚、配偶、子女，和被害者所有友人都受到影響。受到獵食者虐待

37 以智商作為入會標準的國際組織，須通過測驗，證明身為整體人口智商最高的二%，才有資格入會。

的孩子，長大後是身心受創的成人，甚至成為施虐者，後代也深受其害。獵食者的家人和朋友可能遭受公眾羞辱蔑視或財務困境。伯納德．馬多夫騙走投資人數十億美元並遭判刑，他的妻子受大眾嘲弄、唾棄、排擠。馬多夫被捕兩年後，因為無法再忍受父親行為帶給他的折磨，以及可能的牽連，他的兒子馬克上吊自殺。

再想想有多少人因為披著聖袍的獵食者犯下多起性侵醜聞，對天主教教會失去信心。獵食者出沒的地區成了危險地帶，居民不得不嚴加戒備守護家園，防範搶劫、強盜、闖空門。紐約市現在比起我一九八〇年代駐守的時候安全多了，因為**市長朱利安尼**（Rudolph Giuliani）[38] **和紐約市警局鎖定各種層面的獵食者。一旦獵食者被剷除，連乞討或塗鴉行為也一併消失**，守法的市民才算是奪回了上街的權利。

但願我能這樣說：讀者目前（或是以後）絕不會碰上獵食者，可惜這種機率實在不高。要是對獵食者有些基本認識，就比較能辨識出這些危險人物，這種人冷酷無情，無視反對便決定了你的下場。這些話絕對不是嚇唬你，而是提醒，因為他們絕對會注意到獵物。了解獵食者的行為模式，我們才能避免受害。

獵食者不斷犯案，只是不知道誰下一個受害

獵食者的手法相當隱晦微妙，除非你清楚這種人的行為模式，否則難以察覺。他們

第四章

獵食者無歉意、不會悔改

可能相當聰明和善、沉靜迷人、深居簡出又或者行為不檢，帶著其他特質。**就算此人相當成功、交遊廣闊、有社會地位，也不保證他不是獵食者性格**——這是賓州州立大學教職員、運動員、校友和學生從森達斯基多項猥褻兒童罪名得到的教訓，而馬多夫騙局曝光後，他朋友和同事也因此學到一課。

獵食者凡事精於**計算操弄，並積極掠奪**。如果你在報章雜誌上讀到，有些人精心策劃一樁犯罪計謀；有些人跟蹤並鎖定受害者；有些人長期犯下各種犯行；有些人長途奔波就為了完成一樁非法勾當；有人設計錯綜複雜的金融騙局——種種描述都是獵食者的行為。同樣的，如果你聽說有人總是**不停觸犯法律**，如連續性侵犯、各種累犯，或設計騙取他人錢財，那也百分之百就是獵食者。

獵食者常常換工作、改變計畫、還不出貸款、破壞或結束關係、辜負別人或是占便宜、推諉卸責。除了這些，他們還會違反法律、背叛信任、拿走不屬於自己的東西、傷害並拋棄別人、重傷他人，甚至謀殺，上述每件事都可能發生。讀了這一章，請別再以為這種人會改過自新，不再傷害你。**我們清楚這種人的危害，只是無法預測下個受害者，不知道誰是他們的目標**。

38 美國檢察官、共和黨政治人物，擔任紐約市長時，大幅降低犯罪率，九一一恐怖攻擊後，因坐鎮處理得宜聞名。

獵食者知道如何吸引、捕捉被害者。他們喜歡把人玩弄於股掌間：用玩具糖果吸引孩子、在網路上引誘女子見面、誘使年輕女孩或男孩「幫忙」他們，或者操弄人拿出錢來。他們能輕易取得他人信任，因此我們稱這種人為「騙子」。

如同本書提到的其他危險人格，他們的行為分散在獵食者光譜上——分屬程度不同的獵食者。有些會做些冒險的舉動、習慣性的破壞規則與法律、與人交往卻包藏禍心，也可能不停犯下各種輕度罪行。

還有病態的獵食者，只要興致一來，沒有什麼不敢做的。從這個定義來看約翰・愛德華・羅賓遜（John Edward Robinson），你可以說他多才多藝，真正開創了獵食者的領域：他不但是詐欺犯，還挪用公款、偽造文書，並且是綁架並凌虐被害人的連環殺手。二〇〇三年，他在堪薩斯州因三起謀殺案被起訴，也被視為是第一個利用網路尋找受害者，並且加以凌虐、殺害的凶嫌。他是極端獵食者的經典例子，綜合多種犯罪型態，是貨真價實的危險人物。

這些是我們從媒體讀到或聽到的極端獵食者。不過在大多數情況下，因為**獵食者行事低調，而極少被舉發、注意**。但不論這種人位於光譜的哪一點，不管情節輕重，他們跟一般人一樣，懂得從錯誤和經驗中學習修正，下次獵食手法會更加熟練可怕。朱利安（化名）就是個例子，他母親與我們家是朋友，因此我對他的行為相當了解。

就我們所知，朱利安還是孩子時就開始偷父母的錢。隨著年紀漸長，偷的次數越來

第四章
獵食者無歉意、不會悔改

越多，金額也越來越大。被父母質問時，朱利安會道歉，接著再犯，而且偷得更加順手。為了避免父母注意，他開始對朋友和玩伴下手，當然也沒放過父母的口袋。

等朱利安再大一些，他開始偷葡萄酒和伏特加。朱利安應付指責也越來越輕鬆，很有技巧的避重就輕。他父母坦承不夠重視他，輕易接受他的說詞與解釋，或者完全不想追究。他們以為，只要朱利安長大就會改善。

朱利安一學會開車，便不停與人發生摩擦，車子多次被刮傷或撞凹。有天車子開回家時少了擋泥板，過了一個小時左右，警方出現了，因為有件車禍駕駛肇事逃逸，並且造成人員受傷。當然，朱利安矢口否認，這很可能是他第一次犯下重罪，但他就是有辦法大事化小。

從二十一歲起，朱利安就懂得使用偽造支票或是提款機，從父母的帳戶中提取資金。他繼續盜領更大的金額，而父母年紀也大了，對他不再有嚇阻能力，變得退縮，也許是被他搞得筋疲力盡了。朱利安是個獵食者、小偷、騙子、詐欺者、毒蟲，不只傷害父母，也危害社會。

整件事的最後一根稻草，是朱利安偷走父親的車，變賣零件，而且在同一週把家裡僅剩的錢也拿走，還說錢是因為藏在屋梁上，所以已經「被老鼠啃了」。我父母告訴我，朱利安的父親為此健康大受影響，心理也飽受折磨，幾個月後就過世了。我聽說朱利安在葬禮時還想拿走父親的手錶典當換錢，以及打聽「遺囑裡還留下哪些財產」。

故事就這樣結束了嗎？還沒完呢。朱利安半哄半逼的弄到母親僅剩的退休金帳戶，將裡面的錢全領完。後來朱利安又幹了「其他好事」，害房子被查封了。他母親已經七十多歲，因為她沒有退休金也沒房子住，不得不重新找工作。

朱利安並沒有直接殺害任何人，但他造成的痛苦顯然毀了一個家庭。即便他遭到多次調查，但總能逍遙法外。他的犯罪行為隨著時間推移而轉變，但結果都一樣：**迷人的謊言、欺騙偷竊，剝削別人辛勤工作的成果**。如果你碰上他，他會送上迷人的微笑。既然別人會因為他犧牲一切，**如果是你，或許你也會受害**。

因此，儘管獵食者犯案的種類、程度不一，情節也不同，但仍有一些地方共通：這種人獵捕但從不付出、陷他人於險境、無情、對誰都不關心，就算親人也一樣。

欠缺同情、毫無悔意、沒有良心

看看網上有關BTK連環殺人犯丹尼斯．雷德的影片，聽他講述殺死被害人的經過。你會注意到的他冷酷而就事論事的用詞與口氣，也就是心理學家所謂的「情感平淡」（flat effect），常見於某些**獵食者，這種人就算訴說令人髮指的罪行，也一樣淡然自若**。

獵食者無法感受到正常的情感波動，不明白他人的痛苦，字典裡沒有同情，他們的

第四章

獵食者無歉意、不會悔改

情緒通常十分淡薄，刻意假裝也只是為利益。從朱利安的例子可以看出，獵食者對於**愛他、保護他，並且養育他長大的人，同樣下得了手**。

一般人的無辜或不幸，就是他們的機會：愁苦的離婚女子或哀傷寡婦可以是他的飯票；信賴他人或無人照顧的孩子，可以用零食與小玩意引誘作為性工具；觀光客和外來移民，可以當作偷竊或勒索保護費的目標；看來天真或遭遇困難的人，等於掛上了「利用我」的牌子；發生天災的話，就是設立募捐網站騙錢的大好機會。這份潛在受害者名單可以無止境的延長下去。

獵食者能夠分辨對錯，知道何謂邪惡，但他們就是無所謂。有個案例是這樣：奧地利的約瑟夫．費茲（Josef Fritzl）把十八歲的女兒關進地窖監禁了二十四年，強姦她超過三千次，害她生下七個孩子，從來不曾帶她或孩子看醫生。據報導，費茲告訴心理醫生：「我只是有個邪惡的衝動。」費茲知道自己做了錯事，而且他這八千多天以來，隨時可以中止他的罪行，但他就是選擇繼續下去。

就算獵食者感到罪惡，也維持不久：內疚不會阻止他們的行動，因為他們毫不在意自己造成的痛苦後果。獵食者不知何謂悔恨。感到內疚代表想為自己造成的後果負責，但獵食者生來就是要占人便宜，從不承擔責任，寧願歸咎自己的成長過程、壞老闆、壞運氣、色情書刊，怪罪任何事或任何人，甚至包括受害人，把責任推得一乾二淨。

裘蒂．阿里亞斯指責男友害她不得不跟蹤他，沒事就打電話給他，約他出去，所以她才刺他許多刀，開槍射殺他，幾乎割斷他的脖子。裘蒂是個情緒不穩又自私的獵食者，無法接受被拋棄的事實。男友怎麼可以這樣對她呢？那他的下場就得如此不可。**獵食者總認為錯在被害者**，幸好陪審團並不買帳。

冷酷、無情、精算、控制

獵食者冷酷而無動於衷。所以我們才把他們比喻為爬蟲類，而在審訊中他們往往毫無情緒波動，與被害者家屬的哀慟形成鮮明對比。惡名昭彰的連環殺手亨利・李・盧卡斯（Henry Lee Lucas）[39]說得一針見血：「殺人就像是出門散個步。如果我想要個受害者，就去找一個。」這是獵食者專有的邏輯。

對獵食者來說，生活是一場「看我如何逍遙法外」的遊戲。於是他們策劃與行騙，一九七〇年代的約翰・韋恩・蓋西曾參與社區政治，並打扮成「小丑波哥」來逗樂芝加哥住家附近的鄰居孩子，但他也精心引誘男孩回家，接著供他淫虐並殺害，總共三十三人受害。這些孩子求他放過他們，但蓋西依舊狠毒的了結他們的性命。

前面提到英國海德的哈羅德・希普曼醫師深受病患愛戴尊敬，他從容掩飾自己的獵食行為，持續幾十年，無情殺害那些最需要他幫助的患者，獲取暴利。直到最後實在太多病人死在他手中，真相才慢慢浮現，否則希普曼的惡行還是會持續下去。希普曼並不

第四章

獵食者無歉意、不會悔改

受自己的罪行影響，甚至覺得整個犯案過程越來越無聊了。

也因為如此，**獵食者的生活是一連串經過編排的謊言。一般人用語言進行溝通，獵食者則把語言用來操縱、強迫和欺瞞別人。他們精於討好說服、誘惑懇求和道歉**，精通種種說詞，就像工匠打造器具或音樂家譜曲。他們許下空洞的承諾，像是永遠不會再欺騙、偷竊或再犯。獵食者的說詞不值得相信，然而包括專業人士，如執法人員和法官在內的許多人，都曾被獵食者耍得團團轉，依照我們的文化傳統，給他們改過自新的機會，這也是再犯率如此高的原因之一。獵食者靠著欺騙保證守法而獲得假釋，出獄之後仍然重回老路。

傑克・亨利・雅培（Jack Henry Abbott）因為偽造文書入獄，在獄中還刺死了另一名獄友，然而他開始撰寫獄中生活的經歷，寫成《深入野獸腹地：獄中書簡》（*In the Belly of the Beast: Letters from Prison*），出書後在文藝圈內很受好評。於是他說服知名作家諾曼・梅勒（Norman Mailer）為他爭取早日獲釋，假釋審核委員接受梅勒的申請。然而雅培假釋六週後，在一間咖啡廳刺傷一名男子致死，雅培後來表示，這男子「盯著」他看了好久。那些支持雅培提前假釋的人都十分震驚，沒想到如此善於運用文字的人也會殺人。他們實在不該幫助他出獄。

39 美國史上殺人數最多的連環殺人犯，自稱殺了超過三千人，經調查後，被害者至少也達三百五十人。

言語加上善意的行為足以吸引人。傑瑞・森達斯基非常精於運用這兩者，加上時時帶著笑容，誘被害者上鉤。然而當他對男童強迫肛交時（沒錯，這個倍受尊敬的教練就用這種手段對待受害者），也無情踐踏了這些孩子的尊嚴。

獵食者擅長出言恐嚇。惡名遠播的幫派老大約翰・高蒂和詹姆斯・「白毛」・巴爾傑只要吐出一個字，就能讓人乖乖奉上保護費，甚至因而喪命。在調查局時，我訊問了一個幫派的中堅分子，他提到收取保護費，只要跟商店老闆「談談」就可以了；不從的話，誰曉得高級商店的櫥窗會不會晚上就破了。這樣「閒談」可不只是電視影集《黑道家族》（*The Sopranos*）的情節，而是價值數百萬美元的勒索行業。

即使身在死囚行列，泰德・邦迪依舊操控了調查過程，因為他握有所有被害者的名單。行刑前幾小時，他又透露了一名死者姓名，當作要求緩刑的手段（但並未成功，他玩弄司法體制已經太久了）。那個死者姓名就是蘇珊・寇蒂斯，本書開頭提到在楊百翰大學遭綁架的少女，而慘劇發生那夜的值班警員，就是我。

連環殺手克里福・奧森（Clifford Robert Olson Jr.）[40]玩弄加拿大政府，以每位受害者一萬美元的代價，換取他指認並招供埋屍地點。奧森的妻子因此收到了十萬美元，奧森還另外慷慨供出第十一名受害者，沒額外收費，真是大方。

歷史上最知名的獵食者是赫爾曼・戈林（Hermann Goring）元帥，他是納粹黨的第二把交椅。戈林協助成立了祕密警察組織蓋世太保（Gestapo），轟炸倫敦的同時，不忘從他下令處死的猶太人身上偷走藝術品和其他財產。

二戰結束後，戈林被同盟國羈押，等待接受紐倫堡法庭的戰爭罪行審判，他一再操弄羈押他的人，以拍攝照片或簽名來換取好處。最可惡的是，他利用了不只一個看守他的士兵，幫他從行李中取出毒藥，在絞刑施行前自盡，對法庭是一大打擊，未能為數百萬受害者伸張正義。

但這僅是操控或玩弄他人，更糟糕的是，許多**獵食者認為控制他人等於是執行神一般的權力**，而且會令人上癮。泰德．邦迪曾說，玩弄他人性命於股掌間，給他一種無所不能的感覺。伊斯瑞爾．凱斯（Israel Keyes）[41]在荒郊野外藏了全套殺人凶器與補給，方便他在美國四處犯案，警方研判，二〇〇一至二〇一二年間，從阿拉斯加到佛蒙特州，他至少殺了十一人。

凱斯偏好空手勒死他的受害者，這樣他就可以凝視著受害者的雙眼，享受他們垂死前的痛苦表情，在這個角色裡，他扮演著死者命運的最後仲裁者。

獵食者的冷酷性情以吳志達（Charles Ng）一案為最經典。從他在一九八〇年代拍攝的影帶裡，可以看出吳志達如何與共犯雷納德．雷克（Leonard Lake）折磨一名受害女子。

---

40 加拿大連續殺人犯，造成十一名無辜者受害。

41 美國連環殺手，犯下謀殺、強暴、入室偷竊等多種罪行。

在那個自造的地牢中，他告訴她：「你像其他那些人要哭或幹麼都行，但是沒用的。我們的心腸可是——哈、哈——相當硬的。」

索求無度、毫無自制、欠缺自省

雖然獵食者喜歡控制別人，卻毫無倫理道德的自省能力，而且任性、性好探險。邦妮與克萊搶劫集團裡的克萊．巴羅就是如此：性情魯莽、追求快感，於是成了銀行搶匪和殺人犯。許多銀行搶匪和偷竊慣犯毫無自制能力，街頭搶匪也是一樣，**犯行帶來刺激快感，加上豐厚的物質獎勵**，這是獵食者心中最完美的日常生活。

許多獵食者想到就做，讓衝動主宰他們的生活，即使這意味著把他人（也包括自己）推入險境。例如努蕭恩．威廉斯（Nushawn Williams）明知自己是愛滋帶原者，卻害至少十三名婦女感染。

威廉斯是職業罪犯，也被控強姦罪，法院裁定，他危害他人性命的行為，等同於以槍口對準被害人的太陽穴，玩起俄羅斯輪盤。安東尼．惠特菲爾德（Anthony E. Whitfield）也是如此，他的律師稱他是「『甲基安非他命』成癮的性愛機器，流連在不同女人之間尋求安慰、金錢，以及發洩性慾。」十七名女子因為他染上愛滋病，他被逮捕後毫無悔意，似乎毫無任何自制能力。

第四章

獵食者無歉意、不會悔改

獵食者有點類似自戀者，**容易為了極微小的挑釁，或是他眼中的輕蔑而暴跳如雷**，缺乏收斂或自制的能力。監獄裡的獵食者會迴避彼此目光，他們很清楚，走廊上一個挑釁的眼神就足以引起口角或致命衝突。

寫到這裡，我不禁想到電影《四海好傢伙》裡，由喬・派西（Joe Pesci）詮釋的湯米・迪維多，喜怒無常、極其敏感、性好記恨、良知泯滅。你以為這只是電影角色？當然不是，這種人確實存在。理查・雷納多・「冰人」・考克林斯基（Richard Leonard "The Iceman" Kuklinski）[42]的脾氣極壞，誰惹了他就格殺勿論，於是幫派分子請他擔任職業殺手。考克林斯基被捕後告訴警方，他數不清自己殺了多少人，也許多達兩百名受害者，他總是先下手再說。**現實生活裡的獵食者，比電影描繪的更糟**，與考克林斯基相比，電影中的湯米・迪維多不算什麼。

獵食者往往會酗酒或濫用禁藥，也因此性情更加不穩定，行事肆無忌憚，更為致命。他們也會利用酒精和毒品來解除內心的恐懼或勾引他人。我在聯邦調查局看過許多案件，是繼父（甚至生父）利用酒精藥物來迷姦未成年少女，有時連親生女兒也不放過。約翰・韋恩・蓋西就常利用酒精麻痺被害者，接著強姦凌虐，並殘忍的殺害。

儘管獵食者常受到欲望驅使，或自稱管不住自己，他們的行為依舊不可原諒。就算

42 美國職業殺手，以冰凍死者混淆死亡時間的手法，得到外號「冰人」。

他們願意自我反省，也多半是為了修正自己的獵食模式，希望更臻完美。**可別指望他們會反省並改過，這是不可能的。**

獵食者人格的關鍵字

以下是未經刪節，受害者形容獵食者人格的用詞，讀者可能會發現，有些形容很類似自戀型人格（見第一章）。

然而從其他關鍵字，可以區隔出獵食者人格：

不正常、虐待、攻擊性、漫無目的、悖德、禽獸、反社會、傲慢、油腔滑調、惡劣、壞蛋、壞小子、野蠻、混蛋、畜生、欺騙、貶低、爭強好勝、撲朔迷離、不法之徒、黑寡婦、粗野、吹牛狂、**欺軟怕硬**、計算、冷酷、有魅力、迷人的、騙徒、騙子、聰明、冷酷、冷血、詐欺、詐騙、欺瞞、縱容、輕蔑、控制、腐敗、破壞、可怕、毛骨悚然、罪案、殘酷、殘忍、狡猾、危險、騙人的、欺上瞞下、墮落、素行不良、貶損、墮落的、瘋狂的、毀滅性、惡魔、壞人、令人不安、愛吵架、噁心的、不誠實、不真誠、破壞性的、霸氣的、自我中心的、煽動人心、空洞、邪惡的、剝削、導火線、偽造、欺詐、幫派、**吃軟飯**、巧舌如簧、無神論、好大喜功、吹噓、毫無內疚、行色匆匆、沒良心、地獄、恐怖、敵

第四章

獵食者無歉意、不會悔改

意、小白臉、不道德、冒名頂替、衝動的、矛盾、輕率的、屢教不改、下流的、冷漠、不忠的、毫無人性、不人道的、瘋狂、貪得無厭、麻木不仁、不真誠、暴烈、有趣、恐嚇、不負責任、易怒、煩躁不安、殺手、盜竊癖、盜竊、違法、好色、吸血、騙術、毫無溫情、玩弄權術、惡毒、操控性、善變的、迷人的、流氓、怪物、喜怒無常、屈辱、自戀、**居無定所**、惡名昭彰、毒型人物、討厭、奇怪、寄生蟲、害蟲、戀童癖、變態、挑剔、拉皮條、遊戲人間、占有欲強、獵食、捕獵、尖刻、尖利、濫交、操弄、迅速、強姦犯、敢於冒險、強盜、垃圾、粗魯的、毀滅、施虐狂、虐待狂、挖苦、可怕、誘惑、誘人、尤物、以自我為中心、自私、淺薄、變幻、該死、骯髒、滑頭、膚淺的、粗糙、個性強烈、小偷、追求刺激、惡徒、致命的、扭曲的、兩面人、暴君、不仁不義、不可靠的、絕情的、不受拘束、漠不關心、不可靠的、肆無忌憚、無情的、不可信任、暴力、惡劣、暴怒、粗俗、邪惡、瘋狂、詼諧。

滿足欲望，不擇手段

獵食者絕對會把你搞得天翻地覆，毀掉你的夢想或願望，因為他們的欲望永遠排第一，誰也別想擋在他們前面。

一開始你可能會覺得他們聰明迷人又有趣，但等到你發現他們做了什麼，或者被當作獵物（這隨時可能發生），你承受的震撼與痛苦絕對難以形容。

碰上這種人，你會時時戒備，藏起自己珍愛的物品，避免衝突或奮力求生，因此你的精力最終會被榨乾。他們折磨你，或一點一點輕鬆擊垮你，他們就想這樣做，還記得朱利安的父親嗎？

艾莉諾是個非常和善的女子，我在犯罪剖繪研討會不時碰見她。艾莉諾提防她兒子許多年，始終沒什麼效果。我最後一次聽到她的消息時，她告訴我，她那「不成材的兒子」已經拿走她所有的錢。她過去總試著「搶先那孩子一步」，如她所說，已經搞得她疲累不堪。她過去包容這個獵食者性格的兒子，盡可能釋出善意，卻害得自己傾家蕩產。這位年已六十、即將退休的護士不得不兼兩份工作，只為了支付開銷，而她已不再指望兒子，也不再剩下任何親情了。

有些獵食者申請貸款時會**讓家人和朋友作保，或進行一些看不出未來或前景的投資**。他們根本不理解自己造成的麻煩，也不管會損失多少錢，反正錢不是從他們口袋掏

第四章

獵食者無歉意、不會悔改

出來的。你可以隨便問問哪個保釋代理人，他經手過多少宗職業罪犯棄保潛逃的案子，而且數目多到讓人一時回答不出來，獵食者害得家人一貧如洗，就為了幫他們籌措數十萬的保釋金，甚至連房子都抵押了。

這些人沒想過他的行為會害慘你。他們會跟你借車去搶銀行，或要你開車載他們去朋友家，帶著一只裝滿毒品的背包而你毫不知情。或許他們會拜託你撒謊，或在工作時幫他掩飾，好進行犯罪勾當，甚至還要你做偽證。你只不過是幫個忙或撒個謊，卻突然發現已經觸法，甚至涉入犯罪行為。

他們的姿態帶著侵略性，不論是探問你，或只是出現在你身邊，都會讓人很不舒服。但他們很快就表現出熱絡友善，找出你們很多共同點，讓你卸除防備。電影《天才雷普利》（*The Talented Mr. Ripley*）中，麥特·戴蒙（Matt Damon）飾演的角色就鎖定單一受害者，直到他得到想要的一切。同樣的，**獵食者會提出一些我們不想照做的命令**，或是求愛、侵犯隱私，全然不管我們的意願與需求。**這些舉動當然並非意外，全都是刻意的**。

有些獵食者會帶給你一種實實在在的生理反應，像是不由自主發抖、寒毛直豎，像本章一開始提到的那樣。知名學者、作者里德·美羅利博士（J. Reid Meloy）發現，**即便是受過專業訓練的執法人員，碰上獵食者人格也會出現反胃等反應**。在《求生之書》（*The Gift of Fear*）一書中，作者蓋文·德·貝克（Gavin de Becker）也形容了**這些危險人物會觸動一般人的原始本能**，這是人類演化出的潛意識警示系統，提醒我們危險逼近，

可惜社會假定每個人都是善良的，要求我們關閉這個警示系統。儘管你說服自己信任獵食者，他們卻持續搜尋你一切可利用的弱點，準備澈底剝削利用。**他們偷走你的善意與美德，把你的慷慨據為己有，這就是獵食者的作風。**

談到互惠行為，獵食者會決定回報的時機與場合，卻不帶絲毫善意。二〇一三年，曾犯竊案的麥可・波森（Michael Chadd Boysen）的家人熱切的等他出獄，祖父母還準備了一間臥房給他，去監獄接他，開車帶他去辦新的身分證，甚至陪他與監護官第一次會面，希望一切順利進行。但就在那天，波森勒死祖父母，以此回報他們的親情與援助。

當一般人伸出援手，讓步或順從這些獵食者，等於是助長他們的氣勢，讓他們進一步利用我們及其他人。我們以為他們會改過，或是「這次一切會不一樣」，這等於是餵養一條蛇，一面撫摸牠一面期待牠慢慢褪去爬蟲類的天性。**絕對不要期望從毫無良心的人身上看到善意**，他們的確會釋出善意，但目的只是為了得到想要的東西。結果這種善意往往蒙蔽了父母，於是把孩子交給這種人，像是連續性侵兒童的森達斯基。

一旦他們厭倦你了，你不只會被侵犯或背叛，甚至不再願意相信別人。受到獵食者侵犯的被害人，往往深受創傷後壓力症候群的影響。知道自己或親人曾經遭到利用，會留下難以癒合的傷疤，我訪談過的被害者，事隔多年後仍然心有不甘、傷痛不已，無法信任別人。有些人必須持續接受諮商，有的則必須服藥治療。我還認識有父母因為女兒與獵食者私奔，或是嫁給知名的獵食者，必須求醫治療焦慮症狀。

我一再強調，獵食者帶來痛苦與毀滅，留下身心破碎的傷口。他們精確掌控犯罪情節與時機。如果你身邊有個獵食者，那麼你與親人的安危都正籠罩在極大的危險中。光是容許獵食者接近，你等於是讓其他人也身陷險境。拜託，請不要冒這個險。

獵食者與獵物，沒有平等可言

與獵食者的關係不可能得到平等相待。這些人專門取得他人的信賴與滋養，或是像寄生蟲一般附著在人身上吸血，寄望你能滿足他們所有需求，但別以為他們會找工作或幫忙家事。他們總有藉口不上班：懷才不遇、高才低就、老闆太爛，或是工時太長等等。**他們會吸乾你，直到你一無所有或者他們又感到厭倦了**，接下來他們會尋找下一個對象或是環境。

我主持行為訓練講座時遇到伊麗莎白，她多才多藝，是相當聰明的專業人士，然而她不幸嫁給了吸血型獵食者。那人看起來一表人才、聲音迷人，而且體格健美，跟他喝杯酒很愉快，但他就是什麼事情都不做。她試著幫他安排工作、職業輔導，甚至替他寄送履歷。據她所說，她上班時丈夫成天在家看色情書刊。那三年婚姻中，她花了近四萬美元來負擔一切開銷（衣服、首飾、度假、高爾夫俱樂部、搬家費用、電腦、相機等等）。最後她受夠了，叫他走。令人難以置信的是，結婚不過三年，他居然要求分得她部分的退休金。這就是吸血型獵食者——貪得無厭。

與獵食者戀愛很可能會害人性命。拉琪．彼得森（Laci Peterson）公開的相片中，看起來幸福而容光煥發，但二〇〇二年她懷孕並嫁給史考特．彼得森（Scott Lee Peterson），他卻背著她與其他女人約會。檢察官指控，聖誕節前夕史考特殺害拉琪並分屍，於是她與八個月大的胎兒同時喪命。獵食者決定以這種方式讓她離開他。

二〇〇二年，史黛西．卡萊斯（Stacy Ann Cales）嫁給德魯．彼得森（Drew Peterson，與史考特．彼得森沒有關係），時間點就在他與第三任妻子凱瑟琳（Kathleen Savio）離異不久之後。一年後，凱瑟琳被發現陳屍在浴缸中，死因初步判定為「意外」。德魯成為前妻之死的嫌疑犯，但史黛西挺身捍衛她丈夫。只是她的信任與忠誠終究被利用了，她嫁的是一名獵食者，獵食者眼中的生命毫不值錢。

四年後史黛西失蹤，讓家人心急如焚，自然懷疑德魯涉案。史黛西的失蹤加上兩邊被害者家人的壓力，警方對凱瑟琳命案重啟調查，研判並非意外。二〇一三年，獵食者德魯．彼得森的運氣走到盡頭，以預謀殺害凱瑟琳被定罪，並判處三十八年徒刑。可憐的史黛西始終沒被找到，她的家人無法見到正義伸張。

這就是與獵食者生活或結合的殘酷現實。事實上，**每天平均有三名女子死於「親密伴侶」之手，也就是身邊的獵食者**。根據美國司法統計局，三〇％的女子命案是枕邊人犯下，而男子命案也有五％是死於親密伴侶手中。這個數字相當發人深省，**事前往往有**

跡可循，危險就在眼前，但我們就是沒注意到，或是不知道該注意哪些線索。

德魯．彼得森的前幾任妻子，曾報警控告他虐待與行為粗暴，這就是個警示，指出未來可能發生的悲劇。錯過這些訊息或是反應太慢，很可能造成嚴重的代價。時間不停流逝，依照這個統計，明天的這個時候，又有三名女子喪命。

有的獵食者履歷相當顯赫，但獵食天性無法改變。柯萊特．史蒂文森（Colette Sevenson）嫁給一名普林斯頓大學畢業的醫生，他曾在美國陸軍服役，還是綠扁帽特種部隊成員。但在一九七〇年，她丈夫傑佛瑞．麥克唐納（Jeffrey Robert MacDonald）把她與孩子綁起來殺害，聲稱是嗑藥的瘋狂嬉皮犯案。調查人員並不相信，陪審團也沒採信他的說詞——案發現場「布置」得像是家中遭到侵入，但丈夫的傷口都只是皮肉傷。目前他仍然身處監牢，堅稱自己的清白，一直尋求上訴，冷血如冰。

如果你與獵食者是伴侶，等於是身陷高風險行為、精神虐待，或者喪失生命的危機中，面臨的狀況險惡無比。我們讀到太多次驚恐的妻子或女友告訴朋友，或在日記中寫下，如果有天她死了或失蹤，凶手可能是丈夫。她們親眼看到獵食者的行為模式，因此**心中有了不祥預感**。

有些獵食者過著雙重生活：外出捕獵而家人全不知情。家人就算起疑，也不敢多問。試想一下，自己父母居然用贓款買房子、養大一家人？父母口口聲聲說愛你，卻傷害別人的情感、財務，殘害別人的身體，你要如何愛這種父母？如果你能愛這種人，那你又是什麼樣的人？獵食者不需要動手，就能在自己孩子心靈留下傷疤，這只是其中幾個方式而已。

別指望**獵食者**對孩子呵護照顧，他們**絕對是疏離或缺席的父母**，甚至相當殘酷。有時他們的孩子還會遭受嘲笑、傷害、被迫涉入犯罪活動，甚至可能被捕。

最糟的例子就是獵食者**把整個家族拖下水**，涉入犯罪活動。報紙上有許多丈夫利用妻子犯罪的故事。二〇〇二年在猶他州，布來恩・米契爾（Brian David Michell）和妻子汪妲（Wanda Barzee）綁架伊麗莎白・斯馬特（Elizabeth Smart）並監禁九個月；潔西・杜加（Jaycee Lee Dugard）年僅十一歲，便遭到性侵前科犯葛瑞多（Phillip Craig Garrido）與妻子南希（Nancy Garrido）擄到加州長達十八年，杜加的苦難都記錄在《被偷走的人生》（*A Stolen Life: A Memoir*，中文版由自由之丘出版）一書，讀來令人屏息、忍不住落淚。她遭遇獵食者之後的人生，是則自我救贖的故事，相當了不起。

也有些惡名遠播的獵食者教子女偷竊欺騙、撒謊卸責、打架鬥毆和破壞社會秩序。美國海軍通訊士官約翰・沃克（John Walker）為蘇聯蒐集情報數十年，以微型相機拍攝機密，不只危害國家安全，還把兒子麥克（Michael Walker）吸收至他的組織。最後沃克因間諜罪被判終身監禁，兒子麥克也得關上二十五年。

黑手黨教父高蒂也是如此對待自己的兒子小約翰（John A. "Junior"），開啟了他的黑幫生涯。於是在高蒂死後，政府把調查焦點鎖定在小約翰，他在一九九九年承認犯下敲詐勒索、放高利貸、主持賭局，被判六年徒刑。他服刑期間，小約翰得面臨另外四個敲詐勒索的官司（後來都以無效審判作結），以及承擔所有法律費用與壓力。這可不是多數人會帶給孩子的生活，除非你是個獵食者，如果是，你也**不會在乎家人的下場**。

還有那些把家人當作目標的獵食者，虐待繼子女或親生子女，甚至親生父母。像是萊爾和艾瑞克·梅南德斯（Lyle and Erik Menendez）這對冷血殺手兄弟：一九八九年，他們開槍射殺正在家中看電視的父母；接著大肆採購，開狂歡派對，直到他們最後被捕。這兩兄弟擁有最好的一切（學校、錢、衣服、汽車、網球課），但對獵食者來說，「足夠」永遠都不夠好。

有時，獵食者的手法十分微妙，他會先測試家人的反應。邁阿密出身的卡拉告訴我，她第二任丈夫在婚後很快就注意到她十四歲的女兒，簡直關注得太過分了。

隨著時間過去，她發現他與女兒的互動越來越多，像是呵癢、玩摔角，甚至在地上滾來滾去。然後是擁抱和親吻，而且吻得似乎也太久了。後來她發現丈夫會偷偷帶女兒到「維多利亞的祕密」專櫃買內衣，此時卡拉開始感覺到事情不妙，尤其女兒告訴她，這不是第一次發生。

卡拉的直覺一點也沒錯。後來她發現丈夫在上班時寄給女兒電郵，內容可不只是好笑的轉寄信而已。卡拉質問女兒，但是女兒一直不願意多說什麼，以免破壞現狀或毀了媽媽的幸福。真相逐漸浮現，原來丈夫不只會擁抱女兒，他開車時還會把手伸到女兒雙腿之間，或是以其他更為親密、邪惡的方式撫摸她。

卡拉最終與丈夫對質。他自然編出一個又一個解釋：他試圖融入這個家，希望扮演好繼父的角色，撫摸雙腿只是不小心碰到。他一點也沒錯，甚至還粗魯的把卡拉女兒扯進來逼問：「我難道對妳不好嗎？我是不是買很多東西給妳？請告訴妳媽，一切只是誤會。」卡拉告訴我，她女兒不停顫抖，又能說得出什麼呢？丈夫的結論是：「看吧，一切都好得很。」

卡拉拿著手機說：「給你一個小時打包走人，否則我打電話報警。」卡拉把女兒帶到屋外，叫女兒去鄰居家等著，她會請其他家人去接她。丈夫試著跟卡拉講道理，而她指著時鐘回應。她告訴我，那時她脖子上的汗毛全都豎了起來，皮膚起了一陣陣雞皮疙瘩，因為她想著這男人與她女兒花多少時間獨處，她又讀到哪些郵件內容。最令她憤怒的地方在於，這人打算「唬弄」她，讓她以為一切都是胡思亂想，這正是獵食者的慣用伎倆——在那一刻，她明白眼前站著一名獵食者。正如她所說的：「他只是想再次騙我蒙蔽我。」

繼子繼女往往是性虐待的目標。我很佩服卡拉迅速決斷，做了正確的事，但後來依舊耗費了大量時間金錢出庭作證、進行離婚程序、支付律師費用等等。她無法再相信人，不時做噩夢，而她女兒也承受心理創傷，以為背叛了母親，接受家中的危險人物。多年之後，這件事仍縈繞在每個人心中，這就是獵食者留下的爛攤子。

第四章

獵食者無歉意、不會悔改

幸運的是，卡拉成功了。然而許多女子辦不到，她們可能沒看出警訊，或是來不及脫身。另外很多案例中的受害者年紀太小難以求助，或是不得不相信獵食者，所以沒能成功逃脫。

瑪麗貝思・提寧（Marybeth Tinning）的九個孩子，在她照管下一一喪生，檢方卻只能證明她殺了么女，令人慨嘆；黛安・唐斯（Diane Downs）認為她的三個孩子害她找不到男友，因為那些男人都不想要孩子。一九八四年，她開槍射殺三個孩子，並導致其中一名喪生，因而被定罪。這是多麼恐怖的故事，居然讓孩子承受這些可怕經歷。

一九九九年坦帕希爾斯伯勒郡（Hillsborough）警長請我協助調查一件案子。育有三子的克麗絲塔・德克（Crista Decker）告訴警方，她去賣場拿購物車時，她六個月大的男嬰被人從汽車裡帶走了。

我訊問她時，距離她聲稱兒子被綁架不過幾小時。她談論幾個孩子的方式十分不同，這點很不尋常。她提到兩個比較大的孩子時，口氣與用詞都十分溫柔，但談到失蹤的幼子時，反而口氣冷漠。身為調查者，我們早就懷疑她的說詞，即便她的幼兒失蹤不過幾小時，提到他卻用過去式，真相因此揭露。「他以前是個乖寶貝。」她這麼告訴我。至於她另外兩個孩子，她說：「真是好孩子。」

冷淡的語氣，加上她使用「以前」，我們判斷孩子已經死了，而且她應該知情。果然沒錯，她最後承認用塑膠袋悶死了她的小兒子（父親並非丈夫），因為「他就是哭個不停。」的確，獵食者非常冷血。

這對所有人都是個教訓：如果認識或家庭中的某成員是獵食者，那麼這段關係或家庭絕無安全可言。

我們與獵食者交會，場合可能是在某次球賽、酒吧、職場、演唱會，也可能是有人介紹認識。獵食者總是來去匆匆，畢竟他們有自己的計畫，我們並不是計畫的一部分。然而，有時我們碰到獵食者，是因為被當成了目標，或是因為我們的工作與生活狀況造成，這時我們要特別嚴加防範。

獵食者中有貪汙犯、銀行搶犯、扒手、偷車賊等等。但還有許多獵食者以未成年人為目標，也因此美國有《亞當沃許兒童保護安全法》（Adam Walsh Child Protection and Safety Act）、《梅根法案》（Megan's Law）和《潔西卡法案》（Jessica's Law）。這些獵食者一再被捕又被放出來，出獄之後再次犯案。有些人數十年來不停犯案卻不被察覺，還記得天主教教士虐待兒童的醜聞嗎？

我們很幸運有這些法案發揮嚇阻作用。但即便有這樣的法律，依舊有森達斯基這種人對孩子伸出魔掌，性侵犯罪對於整個社會永遠是很大的挑戰。畢竟，哪個英國人會想到知名BBC老牌藝人、曾主持兒童節目的吉米．薩維爾（Jimmy Savile）曾經性侵兒童？他的犯行持續幾十年，但他的地位和聲望使得所有指控都未受正視。**孩子絕對不能接近獵食者，不論他是何等人物。**

第四章

獵食者無歉意、不會悔改

婦女也往往是獵食者的目標。在一九六〇年代，「波士頓殺人魔」阿爾伯特・亨利・德薩佛（Albert Henry DeSalvo）在市區四處尋找獵捕對象。許多女子聽信他的說詞（像是他代表模特兒經紀公司、車故障了、需要借用電話等），讓他進到自己家或是公寓。她們在自家遇到獵食者，而我之前強調過，有獵食者在身邊，安全就沒有保障。

有時候，我們會不慎闖入了獵食者的狩獵地盤，於是他們能輕而易舉的對付我們。二〇〇五年，娜塔妮・哈勒維（Natalee Holloway）與高中同學去中南美洲的小島阿魯巴（Aruba）度假，與喬登・凡德史魯特（Jordan van der Sloot）會面數小時後就失蹤了，很可能已經遇害，屍體卻始終沒找到。

從外表來看，凡德史魯特英俊迷人，幽默風趣。不幸的是，娜塔妮沒有時間去認識他可怕的一面。娜塔妮失蹤五年後，凡德史魯特在秘魯一處賭場玩撲克牌時認識史蒂芬妮・拉米雷茲（Stephany Tatiana Flores Ramirez），後來搶劫並殺害她。你會想，他為什麼要這麼做？這是個家長會問的問題。**獵食者做案並不需要理由，他們就是會做，這個答案既可悲又讓人感到哀傷**。

有時候，光是住在獵食者附近就夠危險了。我在二〇一三年五月著手寫這一章時，當週艾瑞爾・卡斯楚在克利夫蘭被捕，罪行是綁架三名女孩，並監禁她們長達十年，與其中一人生下一個孩子。這些女孩與他住在同個社區已經夠不幸了，這個卑鄙的獵食者後來在牢房上吊自殺，不敢面對審判，正義無從伸張。

也有從事特定行業的獵食者，他們依照自己的行業或從事的工作來改變獵食領域。夜班護士查爾斯・卡倫（Charles Cullen）就承認至少殺害四十名患者，人數可能還不止這些。他利用自己的職位，幹了最差勁的惡行。

一九八〇年代的克萊德・康拉德（Clyde Lee Conrad）同樣**按照自己周遭環境來調整獵食行為**。他當時是駐紮在德國的美國陸軍，竊取軍用物資，在黑市出售配給的油票和菸票，食髓知味後，更進一步竊取軍事機密，出售給敵對的蘇聯國家，害得歐洲上萬士兵和百萬平民陷入安全險境，一切就只為了錢。

有些獵食者是社會中堅人士，例如退伍軍人、教徒、志工、童軍領袖、教練、政府官員。伊利諾州迪克森市審計長麗塔・克朗德威爾熱愛培育美國奎特種馬，她在擔任公職的二十二年間，挪用了五千三百萬美元。BTK連環殺人犯丹尼斯・雷德是教會的領導階層，曾在市政府工作，對當地知之甚詳，加上他工作的機動性，於是能輕易挑選加害對象。

再來就是藏身企業的獵食者，從大型機構到兩人公司都可能看到這種人。有人認為，當前企業經營氛圍（特別是高風險事業）與金融界的割喉競爭，對於追求獎勵的獵食者更有吸引力。這些人可能相當有個人魅力，幽默有趣，但他們膽大妄為的侵略作風卻能危及公司經營。這正是傑夫・史金林與肯恩・雷對安隆企業做的一切。安隆是當時最大的企業破產案，許多人不只失去工作，也賠上畢生積蓄。

第四章
獵食者無歉意、不會悔改

安隆事件提醒我們，如果企業的最高領導階層毫無道德，那麼很可能對公司使出捕獵手段。二〇〇八年的金融危機，部分元凶就是金融業裡的獵食者，他們創造了高風險貸款，進行對沖交易，也不管這種手法風險過高，甚至可能造成全盤皆輸。

在推展事業上表現積極與堅持很自然，但是用在犯罪行為和意圖詐欺就是另一回事了。現在許多公司都學到教訓，了解聘請獵食者會危及公司生存，以及投資者和員工權益。這種人不怕冒險、破壞力大、毫無定性，甚至危及企業。

與獵食者共事已經夠糟了，當這種人領導政府，決定你的生死，這該有多可怕。這種感受只有經歷過希特勒、波布，以及史達林政權的凌虐，才會明白。「波士尼亞屠夫」拉多萬·卡拉迪奇（Radovan Karadzic）在受害者眼中也跟前述政權同樣殘暴；還有伊拉克前總統海珊（Saddam Hussein），以酷刑與毒氣對付境內的庫德族人。

我撰寫這章的同時，媒體正報導敘利亞的情況，壓迫人權的總統阿薩德（Bashar Hafez al-Assad）將軍事行動對準自己的國民，用毒氣逼得數百萬人民逃離，造成好幾萬人傷亡。

身為領導人的獵食者有個使命：為了繼續掌權，無所不用其極。在他們眼中，人民受苦和死亡算不了什麼。下面這句據傳是史達林所說，相當扼要的點出獵食者看待大屠殺的角度：「**一人遇害，是全國的悲劇；一百萬人喪命，就成了統計數字**。」沒錯，他們就是如此冷酷。

我希望這章能完全說明，**遭遇獵食者絕對是危險的。有時我們會在某個時間地點遇到他們**，也許是老闆或隔壁同事。無論如何，**了解這種人的行為**，有助於保障自身安全。我們能夠觀察這些人的行為是否惡劣、荒誕不負責、只想到自己，且侵害並危害到你的安全，甚至威脅生命。**保護自己、保護親人，這是我們的責任**。

獵食者人格檢核表

獵食者人格的警訊

前文提到過，我以多年辦案經驗設計出不同的行為檢核表，以便評估辦案對象是否屬於危險人格。這些詳細精確的檢核表，能幫助你分辨對方是否屬於獵食者，而且落在光譜的哪一處（從精打細算、藉機牟利、冷淡、粗魯無情，到極端的毫無良知以及高度危險），協助你精確判斷該如何對付此人，研判此人的獵食行為嚴重程度，是否會對你或他人構成威脅。

本章以及其他章節的檢核表是專為日常使用而設計，適合未受過心理健康專業訓練的一般大眾使用。這不是臨床診斷的工具，目的是教育、告知、證實你看到的與經驗過的。

第四章

獵食者無歉意、不會悔改

仔細閱讀檢核表上每個陳述，符合的請打勾。請對自己誠實，回想你聽到這人的言語、看到他的行為，或旁人告訴你的事件。當然，最好的證據來自你的觀察，以及當你與此人相處時的感受。

只勾選適用的陳述。**不要猜測或自行延伸，只選擇完全符合條件的選項**。如果不確定，請勿勾選。有些陳述似乎一再重複或看來類似，這是特意如此設計，意在捕捉不同行為的細微差異。

請務必從頭到尾勾選完整張檢核表，這樣才能提高效度。檢核表的內容完全涵蓋各種隱微但關鍵的問題，或許你可能從來沒想過，不過有些陳述會觸動你早已遺忘的事件。就算是頭幾項陳述並不符合，或者你覺得已經足夠了，無論如何都請仔細讀完每一條陳述。

檢核表中會交替使用性別代名詞（他或她），這些陳述也適用於不同性別。結束之後會計分，現在請先選符合的陳述。

- ☐ 1. 虐待並利用他人，完全蔑視他人權益。
- ☐ 2. 總是讓人幫他們做事。
- ☐ 3. 小時候曾被逮捕或受審，或曾註銷少年犯罪紀錄。

□ 4. 活在自己的世界，自認有權為所欲為，傷害他人無所謂。
□ 5. 誇耀自己違反法律或規則的事蹟，吹噓過去的犯行或騙過哪些人。
□ 6. 個性不老實，喜歡說謊，想要的話隨時能編出謊言。
□ 7. 自認為規則或法律只適用於他人。
□ 8. 一再觸犯法律，破壞規則，或違反習俗與禮儀。
□ 9. 很快就找出他人弱點，並設法利用。
□ 10. 青少年及成人時都曾在店裡順手牽羊。
□ 11. 缺乏反省，漠視他人的痛苦。
□ 12. 曾經吃霸王餐，或是炫耀自己上餐廳沒付錢的事。
□ 13. 把自己的犯行歸咎於生活、環境、父母、他人，就連受害者也有錯。
□ 14. 習慣性支配他人，控制與操縱占了此人生命中很大一部分。
□ 15. 有人說他「沒心沒肺」、「低劣」、「討人厭」、「缺德」，或毫無「顧忌」跟「尊嚴」。
□ 16. 多次資金不足卻偽造支票。
□ 17. 以欺騙別人為樂。
□ 18. 喜歡撞到他人、盯著別人或說些挑釁的話來挑起事端。

第四章

獵食者無歉意、不會悔改

- ☐ 19. 自信滿滿，但是性格魯莽，毫無實際作為。
- ☐ 20. 無法接受批評，於是大怒或威脅報復他人。
- ☐ 21. 在學校或工作場所都被看成是惡霸，總是讓他人難受。
- ☐ 22. 擅長獲取他人信任，並且趁機占人便宜。
- ☐ 23. 利用家人、朋友和愛人提供金援，並幫忙脱罪或提供不在場證明。
- ☐ 24. 曾經縱火，害得他人或動物差點送命，或遭受財產損失。
- ☐ 25. 對於自己可能危害他人的財產與身體安危毫不在意，或是陷害他人於犯罪邊緣。
- ☐ 26. 認為生活就是適者生存。
- ☐ 27. 犯案輕而易舉，大家都知道他在警方的案底（犯罪紀錄）多不勝數。
- ☐ 28. 有時相當無情冷漠，但有時又十分迷人幽默。
- ☐ 29. 謊稱是醫生、教授或者其他專業人士。
- ☐ 30. 曾經騙取他人金錢、財產或貴重物品。
- ☐ 31. 曾經破壞他人單車、汽車或其他的事物，而且可能危及他人安全。
- ☐ 32. 謀劃並擬出策略來侵害他人權益。
- ☐ 33. 幼時或成年後曾經虐待動物。

□ 34. 憤世嫉俗，輕蔑他人。
□ 35. 此人傲慢而自以為是，在別人眼中十分自大，有人認為他是「自己心目中的第一名」。
□ 36. 別人認為他極度神氣或咄咄逼人。
□ 37. 無法履行約定，不可靠又不負責，始終能找出藉口解釋自己的失職。
□ 38. 以心理遊戲操控玩弄他人、貶低他人，並且讓他們自覺低下，甚至加以騷擾。
□ 39. 非常需要被尊重，想要掌權，並且清楚告訴你這些事物的重要性。
□ 40. 利用武力或恫嚇，迫使他人從事性行為。
□ 41. 時而吹捧你，下一秒又貶低你，冷淡而粗魯的忽視你過去的善意。
□ 42. 高估自己的價值與能力，同時又隨意貶低別人。
□ 43. 雖然身為領導者或經理人，但把部屬當作奴才或是工具，而不是平起平坐的雇員。
□ 44. 成天偷竊或犯罪，並且以此為業。
□ 45. 唆使別人進行高風險或者違法的勾當。
□ 46. 為了個人私利而企圖控制你的空間或時間、身體與心靈，甚至是你的自

第四章

獵食者無歉意、不會悔改

我價值。

□ 47. 只為了「好玩」或是「報復」而破壞別人財物。

□ 48. 走到哪都會製造麻煩，被他人稱為「麻煩製造者」。

□ 49. 毫不尊重他人財產或公司財產。

□ 50. 慣於恐嚇威脅他人來達到自己的目的。

□ 51. 常常抱怨生活無聊或缺乏刺激。

□ 52. 小時候經常逃家。

□ 53. 心懷怨憤，以非常惡劣的方式進行發洩。

□ 54. 此人表現悔恨的態度顯得言不由衷，或心懷鬼胎。

□ 55. 此人就學時期常常因為打架而被留校察看。

□ 56. 只忠於自己，或只關心自己。

□ 57. 不為個人行為負責，往往推給他人、指責他人。

□ 58. 有人認為他「時常說甜言蜜語」、「滑頭」、「很會放電」、「好得令人起疑」。

□ 59. 小時候就不聽父母的話，在外遊蕩到很晚，不守規定。

□ 60. 像寄生蟲般利用他人提供的住宿餐飲、金錢與性愛。

☐ 61. 自稱完成了超人的成就，但聽起來超越人類極限，或是無法以常理解釋。

☐ 62. 父母親之一習慣虐待他人、專橫，或曾經犯下重罪。

☐ 63. 他的生活方式毫無節制或規律（例如，沒有固定工作、男女關係複雜、無法清償欠款）。

☐ 64. 多了一筆原因不明的財產或財富。

☐ 65. 自認為高人一等，有權力恣意妄為。

☐ 66. 情感表現相當刻意做作，毫無誠意。

☐ 67. 十分瞧不起他人，針對當權者時更是如此。

☐ 68. 態度高傲，表現居高臨下的姿態十分令人討厭。

☐ 69. 大家都不想與此人共事或是當他的部屬，因為與他工作讓人心理與生理都十分不舒服。

☐ 70. 他像是條蛇一般盯著你不放——不屈不撓、毫不退縮，顯得冷酷卻又不發一語。

☐ 71. 他的目光讓人膽寒、退縮，或是不得不服從他的命令（讓你或其他人非常不舒服）。

☐ 72. 外表相當有魅力，初見面時很吸引人。

第四章

獵食者無歉意、不會悔改

□ 73. 不論是偷竊、傷害他人，還是虐待他人，都能夠說出一番理由（「他們活該」）。

□ 74. 青春期或成年後都觸犯過法律。

□ 75. 特意詢問同事或其他人如何鑽漏洞、忽視規定，還有改變、毀去重要文件或證據，或者是談如何隱藏資訊。

□ 76. 不怕從事犯法的行為。

□ 77. 使用假名改變身分，或故意隱藏自己某段過往。

□ 78. 性情衝動、想到就行動，因此犯下違法勾當。

□ 79. 無法計畫未來，也無法替未來打算（例如：把房租或飯錢全花光，或是買禮物給自己，全然不管家人該怎麼辦）。

□ 80. 遭受到旁人挑戰、訓斥或拒絕時，會勃然大怒或採取攻擊行為。

□ 81. 不讓你（或他人）與家人朋友接觸，斬斷與親人的聯繫。

□ 82. 很容易與他人爭執或施加霸凌。

□ 83. 針對弱者、老人、小孩、女性，或輕信他人者進行虐待或性侵，甚至藉此取得金錢。

□ 84. 行事魯莽，完全輕忽自己與他人的安全（像是超速與酒駕）。

☐ 85. 曾經或不時恐嚇虐待（包括生理與心理）家人、父母、同事或朋友。

☐ 86. 利用父母，偷竊父母的錢、欺騙他們，並且未經同意便賣掉或是典當他們的財產。

☐ 87. 自稱服務於美國中央情報局、海豹特種部隊或其他菁英祕密組織，但從來無法證明。

☐ 88. 曾因未能通過心理測試，遭軍方拒絕或求職未果。

☐ 89. 現身時導致他人產生各種生理反應：皮膚反應（雞皮疙瘩、寒毛直豎、「不寒而慄」），或感到肚子絞痛、胃酸上湧。

☐ 90. 極為自戀、貶低他人，或讓人情緒低落。

☐ 91. 有犯罪紀錄，包括敲詐勒索，而且僥倖逃過懲罰。

☐ 92. 對於痛苦與懲罰十分好奇，也對酷刑或殺人方法很有興趣。

☐ 93. 有很長一段時間待在矯正機構，像是拘留所、監獄、牢房或中途之家等。

☐ 94. 犯罪前科包括強姦、搶劫，或者以凶器攻擊等紀錄。

☐ 95. 犯下竊盜或搶劫財物罪刑，或有多次偷車紀錄。

☐ 96. 以嘲笑輕蔑的口吻討論女人，把女人當物品看待，或當她們是「妓女」。

☐ 97. 曾經性侵兒童（撫摸或暴露下體），或想要與兒童發生性關係。

第四章

獵食者無歉意、不會悔改

□ 98. 似乎無法控制自己的行為。
□ 99. 母親曾為性工作者，或從事性交易。
□ 100. 性傾向偏好兒童。
□ 101. 從事不負責任的性行為，害他人感染性病或愛滋病毒。
□ 102. 曾在不同關係中與人生子，卻不擔負養育責任（提供情感滋養、照護與經濟協助）。
□ 103. 合理化自己的殘暴或犯罪行為，認為是被害人「送上門」。
□ 104. 棄保潛逃，害家人或朋友擔負保釋金。
□ 105. 消失幾天甚至幾個月，再度現身又不提出解釋或說法。
□ 106. 大家認為此人出現讓人「不舒服」，或是「沒法相信他」。
□ 107. 期望別人幫他做偽證、掩飾或逃脫。
□ 108. 闖入別人的汽車、公司、別人家中，或是暗中跟蹤某人。
□ 109. 幾乎不曾把錢還給朋友或同事。
□ 110. 屢次虐待配偶或孩子。
□ 111. 孩子或配偶都躲避他，害怕待在他身邊。
□ 112. 曾經談論或是寫下自己幻想的犯罪情節，或是想要強姦他人。

□ 113. 曾多次拖欠貸款或信用卡，或無法支付子女撫養費。

□ 114. 自稱殺過人，但是談起來面不改色，甚至用以吹噓。

□ 115. 未經同意便使用他人的信用卡。

□ 116. 試圖利用非法或悖德的方式獲取權力、性愛或金錢。

□ 117. 碰到要付錢時，總說忘了帶錢包，或是錢都被投資「套牢」了。

□ 118. 工作時相當惡劣殘酷，公然大聲斥責部屬。

□ 119. 是個不稱職的父母，毫不負責，不關心也不出面，對孩子粗魯莽撞（不提供照護、飲食、洗浴，也不讓孩子上學或看醫生）。

□ 120. 似乎與人非常疏離，從來不接近任何人。

□ 121. 為了躲避起訴、避開警方或逃避財務責任，因此而逃出或搬離某地。

□ 122. 以年老多病者為目標，進行凌虐或詐騙財物。

□ 123. 曾參與兒童色情產業。

□ 124. 年少時便行為偏差。

□ 125. 曾被描述為性虐待狂。

□ 126. 曾因行為不檢遭軍方強迫退伍。

□ 127. 愛情毫無意義；將愛與性混淆。

第四章

獵食者無歉意、不會悔改

- □ 128. 合理化自己虐待兒童的行為，像是「她哭個沒完」或「這能讓他變得勇敢一些」。
- □ 129. 生活「狂野糜爛」，有不少「壞朋友」或犯罪同夥（幫派成員、毒販、妓女、皮條客、匪徒）。
- □ 130. 持有違禁品、兒童色情圖片或武器，並且用於犯罪。
- □ 131. 在幫派中擔任幹部或是領導者。
- □ 132. 屬於某個犯罪集團或組織（毒販、幫派、罪犯家族），販賣人口，或是拉皮條。
- □ 133. 儘管是打零工，卻因表現不佳、不守規定、爭執或曠職而多次遭解僱或開除。
- □ 134. 身上有擁護種族仇恨、犯罪行為或厭惡女性的紋身、配飾或旗子。
- □ 135. 痛恨不被尊重或取笑，碰到這種情況會大怒或態度惡劣。
- □ 136. 似乎不會從錯誤或經驗中學習。
- □ 137. 未得允許便從他人身上拿走有價值的物品，一犯再犯，或是在店裡順手牽羊。
- □ 138. 除非被逼，否則幾乎不說「對不起」。

□ 139. 不接受別人道歉，心中記仇，會狠狠反擊。

□ 140. 曾經或正從事違法勾當、加入恐怖組織或是犯罪事業，像是樂透詐財、賭博、販毒、偷車等。

□ 141. 並非沒有工作機會，但失業了很長一段時間，或是入獄好一段時間。

□ 142. 疏於照料孩子（讓孩子營養不良、衣不蔽體），甚至監禁毆打他監護的孩子。

□ 143. 曾用繩索、手銬、監禁室或其他裝置來控制他人自由。

□ 144. 從別人的苦難和痛苦獲得快感。

□ 145. 別人的心理不適或恐懼似乎能帶給他快樂。

□ 146. 對於世界充滿憤怒、敵意或憎惡。

□ 147. 曾對別人自陳有個「黑暗、惡劣，或邪惡」的一面，但別人以為只是隨口說說。

□ 148. 思想非常死板僵化，一切都得按照他的方式，否則會大怒。

□ 149. 此人生命中的女性不是越來越討厭他、不信任他，就是神祕失蹤。

□ 150. 與他交往讓人焦慮不安，感到受害、被折磨欺騙或背叛。

第四章

獵食者無歉意、不會悔改

計分

☑ 依據檢核表開頭提及的評估方式，看看此人符合的陳述有幾項。

☑ 如果此人具備上述25項特質以上，他或許偶爾會對他人發洩情緒、剝削他人，很難共事，也可能造成你的財物損失。

☑ 如果分數是26到75，代表此人具備並表現了獵食者的所有特質。你必須非常小心，尤其是如果這人是你的情人、長期伴侶或必須信任的對象（例如貸款、財務交易、投資、租借行為、照顧或交託孩子）。

☑ **警告**：如果得分超過75，這個人擁有獵食者的重要特質，他可能會侵害你或其他人的人身安全，或者造成情感、心理或金錢的損失與傷害。請立刻遠離這種人。

獵食者死性不改、抗拒改變，就算有所調整，那也是為了精進自己的獵食技巧。史都華．尤道夫斯基醫師（Stuart C. Yudofsky）在他的書《致命缺陷》（*Fatal Flaw*）指出，實在**找不到幾個具備足夠知識與專業訓練的心理醫師，來處理這種反社會人格**。如果專業人士都束手無策，一般人能怎麼辦？幾乎毫無辦法，只能與這些危險人物保持距離。我認為佛陀這話說得非常有智慧：「**人應該學習分辨並遠離所有危險。我們不與惡人往來，就像智者遠離瘋狗。**」

我們並非專業精神科或心理醫師，因此最好的辦法是辨認並遠離這些人。

如果你認為有義務陪著這種人，只因為他是你的配偶或家人，也或許他給了你一份工作，無論如何都請保持警覺。不管關係為何，忠誠不保證你不會受害，或者免於遭到折磨或損失一切，獵食者本性就是如此。本書第六章，會討論進一步對付獵食者的其他策略。

最後，我以一段最貼近獵食者心境的人所說的話，作為結尾：

> 我們連環殺手是你們的兒子，也是你們的丈夫，
> 我們無處不在。而明天你們會有更多孩子送命。
>
> ——西奧多．「泰德」．邦迪

第5章

複合型危險人格

兼具兩種的人可怕，
三位一體更要命

FBI教你認出身邊隱藏的危險人物
DANGEROUS PERSONALITIES

目前為止，我們分別了解了危險人格的四種類型，好處是能夠更清楚了解這些危險人物。然而在現實生活中，危險人物往往帶有一個以上的人格類型，醫學文獻稱之為合併症，其實這並不罕見。畢竟，每個人都帶有不同的人格特質，這也是人性複雜的部分。

但是**當一個人擁有不只一種危險性格，會對他人造成的威脅就升高了**，而且很可能危及生命。儘管臨床醫師認定這樣屬於高危險人格，但要在日常生活中辨認出來，實在相當困難。

為了協助讀者理解，我用真實案例來說明複合型人格特質。複合特質極為複雜，因此我強調要完整做完每一種危險人格檢核表，才能充分評估這些人格帶來何種威脅。

此外，人的行為很可能因生活環境而改變，危險人物也是如此：情緒不穩型人或許經常對著調皮的孩子大吼大叫，有一天卻突然抓住孩子搖晃或對著牆壁摔過去。同樣的，單身的自戀者或許仍會結婚，成為對他人頤指氣使的一家之主，越來越愛批評斥責。

一般人會隨著時間而改變，同樣的，也有**很多原因促使這些人變得更不穩定、威脅性更大，而且更危險**。關鍵是，我們得習慣從這些特徵進行評估，理解對方的真實面貌。我們不能天真的以為，危險人物會自己慢慢變好。

人類的性格本就難解又微妙，分析起來非常複雜，若是要完整討論所有類型的話，就超出了本書的範圍。**檢核表可以替你省下很多麻煩，評估他人的潛在威脅、不穩定，**

或致命程度的同時，必須提醒自己不要執著在單一人格類型，這個測試對象可能符合另一種類型。

第五章
複合型危險人格

這也是檢核的過程之一——找出哪些行為符合何種類別。這樣一來我們會得到更完整的圖像，更清楚眼前面對的是哪種人。請注意，**某些人格特質若是互相配合，會增強彼此的破壞力**，有時後果會非常可怕。

這些危險案例每天都能在世界各地看到。我敢說，二〇一三年的殺警凶手、曾任警官的克里斯托弗・多納在逃時，洛杉磯警局的犯罪剖繪員與心理學家都在問：「他的性格是什麼樣的？下一步會做什麼呢？」幸好多納寫了一大篇宣言，讓我們看到了他在官方檔案的另外一面。那篇宣言透露了：

- 此人充滿情感創傷，需要以敵人（偏執型人格）作為發洩對象。
- 他認為自己有權對警方同僚及同僚的家人施暴，來伸張他心目中的正義（自戀型人格）。

多納的宣言提供了關鍵訊息，有助於解釋他的行為，使我們多少能夠預測他的下一步。如果你正試著理解一個高度偏執型人格，同時又有自戀傾向，瞧不起執法同僚，那麼一場槍戰可能無法避免，結果正是如此。

複合型人格，其實一點也不罕見

讀者應該已了解，觀察危險人格的要領與各種警訊：**觀察此人的言行舉止、帶給別人的感覺、過去發生過什麼，以及與他認識、交往的人曾經注意或經歷過什麼**。正如第六章會討論到，這是我們的責任：綜合你和他人的觀察做出客觀評估，找出清楚的指標，證明眼前這個人可能危害他人、情緒不穩，或帶有威脅性。這是我們自己的責任，這麼做不但明智，而且正當。

接下來以此為基礎進行延伸，看看我們蒐集的資訊是否符合一種以上的（甚至四種都有）危險人格檢核表。這個方式能讓這個人的性格更為清楚立體，我們也更能掌握潛在的危險程度。

例如，假設我們發現哈利的言談舉動，表現得像是自以為很重要、很特殊。這個特點可以放進三類檢核表：自戀型人格、偏執型人格和獵食者。但這只是單一的行為，所以我們得謹慎而持續的蒐集資訊（他怎麼對待我們？給我們什麼感受？我們觀察到什麼特定行為？）並且將這些行動或舉止與檢核表比對。

比方說，我們也注意到哈利似乎有種控制他人的需求，而且有仇必報。這些行為能進一步聚焦，我們可能會看到他的特質，大都符合偏執型及獵食者檢核表的選項。

如果你與這個虛構的哈利互動夠頻繁，或是觀察得夠久，最後發現，你在這兩張檢

第五章
複合型危險人格

核表各勾選了四十五個以上的行為特徵，這就是很重大的發現。在偏執型與獵食者檢核表上得到這麼高的分數，這個人不只討人厭，而且還非常、非常危險。

形成完整人格圖像的關鍵在於，不能先入為主，而是**讓行為自己說話**。否則你可能會忽略很重要的資訊，連專家也會犯這種錯。我在本書開頭就強調，**行為本身才是重點，而不是統計數字或可能性**。

假設我們遇見某個風度翩翩、滿懷自信的人，他懷抱遠大理想但似乎總是不成功，於是立刻判斷他符合自戀人格的特質。好吧，現在請往後倒退一步，評估一下這個判斷：也許這個人確實有這些特質，但**過早歸類，可能忽視了其他重要資訊**。比如他才剛來到此地，沒有人能證明他的工作經歷和專業資格，他的生活漂泊不定，也沒有固定收入，一切都符合獵食者檢核表，點出了他具有的潛在殺傷力（參見第四章的案例）。我們希望避免這種錯誤，也就是飛行員所謂的「目標定影」（target fixation）：過度專注於一個目標而錯過附近的其他目標，或是注意力都放在某個任務、地標或問題，而不慎撞向山壁。

當然，這四種危險人格可以出現很多種組合。例如，你會看到有些人智商很高，但個性偏執又自戀。像是約翰·麥克菲（John McAfee，全球最大防毒軟體McAfee公司創辦人）之前在貝里斯（Belize）涉入殺人案。我們不禁要問，這能夠預先看得出來嗎？根據報導，麥克菲移居國外，自認上帝賜予他清理這個地方的責任，這是自戀的特徵；但他對當地警察和鄰居有種毫無理由的恐懼，卻是偏執者的特質。因此，我們會著手搜尋自戀與偏執的訊息，但我們並不清楚所有事實，也不能因此確定。所以我們蒐集各種跡象，與檢核表比對並且歸納，逐漸累積每個檢核表中符合的特質。

最後，我們慢慢能從此人的行為掌握他的性格，也許這次他顯示了某種人格的特質，下次又表現了另一種人格的多樣特徵，既然我們面對的是複合型人格，請記住這個組合會不時改變。畢竟我們對付的是人，他可能某天表現得自我中心、愛吹噓，過幾天又展現了更多符合獵食者的特性。因此研究人類行為非常有趣：**我們為了生活而行動，而生活也改變我們的行為。人類向來善於改變，危險人物也是如此。**

評估的重點是不是要找出哪種人格特質最顯著?是，也不是。這要視評估對象以及展現的特質而定，但我們不是犯罪剖繪員或犯罪行為研究者，只是想**了解這個人有多危險**罷了。因此如果這人在兩種以上的檢核表的得分相當高（超過五十），那麼判斷此人屬於哪種病態人格就不太必要了，因為他已經越過了門檻，可以斷定此人會非常可怕、非常不穩定、非常危險並會造成威脅。

例如，某個人的情緒極不穩定，十分偏執而且很難相處，他總是疑神疑鬼，脾氣發作起來十分嚇人而且頻率太高。不管他是因為偏執還是情緒不穩，都比不上趕快自保來得重要。

有個女子寫信給我，姑且稱之為艾曼達，她說丈夫一開始只是表現出一些「小怪癖」，在不順心的日子會大發脾氣。據她說，幾年來他的情緒不穩和偏執性格越來越嚴重，毫無道理可循。她丈夫變得疑神疑鬼，檢查她手機撥出號碼及簡訊，甚至拿鉛筆輕塗家裡的便條紙，想要拓印出她之前曾經寫下的筆跡。最後艾曼達的丈夫對她施暴，令人無法忍受，起先只是拉扯推她，後來甚至甩巴掌跟掐她脖子。沒錯，勒住她脖子。

造成這種行為的主要特質是什麼？情緒不穩還是偏執型人格？這是個很複雜的問題，精神學家或心理治療師會很想找出解答。但我可以告訴你：艾曼達不在意，我也不在意，你也不該在意。我們並不是住在安全的實驗室中，可以放手進行測試、閒談辯論，或是追求絕對精確的驗證。

現實世界隨處可見虐待配偶、兒童失蹤或是先姦後殺。**人身安全才是我們關注的問題，而且每分每秒都重要**，儘管手邊線索少之又少，我們還是需要立刻下判斷。要是我們等到線索俱全再做出精準判斷，那可能為時已晚（本章後面會提到蘇珊・鮑爾〔Susan Powell〕的遭遇）。

艾曼達必須處理遭受虐待的現況，而且就她所說，當下的狀況「簡直瘋狂」，**該處理的是眼前的危機**。艾曼達要生存，而不是參與測試、評估或實驗。「我丈夫這裡得分八〇％，那裡得分二〇％？」如果有人有興趣的話，這種分析就交給別人。

你該問的問題跟她一樣：我有生命危險嗎？這是本書存在的唯一目的，也是檢核表發揮用處的時候。

如果你盡了調查的職責，請記得這些人格類型分散在一個光譜上，程度從輕到重、由低到高，從稍微討厭到不可理喻、難以相處到危害他人，甚至造成生命威脅。而且危險程度也可能因當時情況而異。

把危險人格想像成一臺收音機。輕聲流瀉的音樂會慢慢混入周遭的聲音，而你幾乎不會察覺；音量稍微調高，你可以聽得更清楚；再開大聲一些，樂聲漸漸有點惱人；更大聲的話，可能你開始煩躁，耳朵有點受不了；調到最大音量，耳朵鼓膜可能會受損，也就是說，有危險。**想到危險人物時，可以採用上述的方式思考：目前的音量有多高？音量很低，但有些跡象？音量中等，讓人討厭或侵犯到我們了嗎？還是音量已經調到最高，危害到人身安全？**

但你得先打開收音機，才能聽到些什麼。這話值得一再重複：日常生活中，多數危險人物其實相當不顯眼，你很難發現。這些人極少或根本不會接觸警方，更不會去看心理醫師。通常這些人的朋友和家人無法解讀危險人物，也不知該注意什麼線索，或者被情感蒙蔽了。例如，提摩西．麥克維的朋友受訪時說：「如果不看奧克拉荷馬市的慘案，提姆其實是個好人。」這句話說明了一切，有些人就是不願看到眼前的真相，或是偏心盲目。危險人物就是在這種環境越來越囂張。最後，**關於危險人物，請牢記兩件事：我們只會看到自己願意看的，而且大多數人都會隱藏自己的真實面目**。

我在聯邦調查局從事國安相關罪犯的人格與行為剖繪，經驗告訴我，人格類型的研究難度很高，尤其是處理兼具兩個或以上的複合型人格。因此危險人格檢核表非常有用，能幫你分析哪種人格特質最突出，讓你能精確掌握面對的是什麼樣的對象。

要了解兼具兩個或兩個以上的複合型人格，最好的方法可能是從歷史和頭條新聞著手，許多知名案件都出自這種人之手。

「敵人虎視眈眈，只有我知道殲敵方案」：偏執／自戀

先從上個世紀開始，因為這是大眾媒體的世紀，能夠得到貼近事實的報導。頭一個便是史達林，他自戀、渴望掌權與獲得崇拜，在第一章已記錄了他自封的許多頭銜，有的十分荒謬，而且許多城市以他為名。除了自戀性格之外，史達林偏執的那一面更加陰暗，兼具兩種性格，使他成為光譜上最極端而致命的那種，導致他成為高度威脅、危害大眾的人物。

史達林以極權控制人民又掌控軍隊，這些條件結合之後，造成的嚴重後果史無前例。請想像在加州每個人都喪生在他手裡，超過三千萬人因他喪命，而確切人數仍然不明。**史達林**的多疑性格改寫了人口數字，特別是他不信任的少數民族，也導致他在第一次世界大戰後，**殺害四分之一的高階軍官**，這種愚行使得蘇俄在第二次世界大戰時陷入劣勢，因為當時正需要高階軍官的經驗與技能。

史達林儘管可怕，但這種人畢竟不多吧？其實未必。有超過五百萬人因希特勒喪生，他也是自戀與偏執的病態性格。柬埔寨的波布也是如此，他的「殺戮戰場」[43]和強迫勞改（超過一百二十萬人送命）惡名昭彰。

我們也可以來談談最近的歷史事件：一九九〇年代「巴爾幹屠夫」米洛塞維奇（Slobodan Milošević）的排外立場，屠殺穆斯林與克羅埃西亞人等少數民族；或是國際刑事法院指控「波士尼亞屠夫」拉特科・穆拉迪奇（Ratko Mladic）在前南斯拉夫進行種族屠殺，超過七千五百名波士尼亞穆斯林男子與男童，死於斯雷布雷尼察（Srebrenica）大屠殺。

這些危險人物有個共同點：他們都帶有自戀型人格（採取極度暴力的手段來解決問題）與偏執型人格（認為敵人無所不在），這樣就已經夠危險了，更糟的是他們有權號令安全部隊和軍隊，於是成了最具毀滅性的破壞力量：權力大到不受約束的危險人物。

再來就是二〇一一年七月二十二日，犯下挪威爆炸案的布瑞維克，先在奧斯陸政府大樓引發爆炸案，炸死八人，隨後又持槍掃射，殺死六十九名青少年。布瑞維克也遭法院認定為自戀者與偏執狂，他認為要將國家從外來移民和穆斯林解救出來（偏執者），自己是唯一的人選（自戀者），於是殺害無辜作為抗議。從布瑞維克身上可以看出，就算手邊沒有軍隊，仍然可以利用簡易爆裂物或火力強大的武器造成極大傷亡。

令人遺憾的是，我們過去就看過這種人：那些**期望在歷史留下名號，但是現實生活**

第五章

複合型危險人格

只是小人物的人。他們高估自己的價值，再加上本身性格偏執，驅使他們走向極端。

於是這種人越玩越大，甚至以暴力手段迅速聞名世界。早在布瑞維克震撼挪威之前，另一個堅持己見、難以溝通的偏執型自戀者，也同樣成名了。

一九六三年四月，這個人試圖暗殺當時正在家中閱讀的退休將軍埃德溫．沃克（Edwin Walker），沃克曾在前一年與約翰．康納利（John Connally）競逐德州州長，不過這次暗殺行動失敗，沃克僅受輕傷。他得好好把握下次機會，要暗殺大人物，他不斷這樣告訴妻子。他的下一個暗殺目標，依照當地報紙刊登的路線，正好會在一九六三年十一月二十二日搭乘一輛敞篷豪華轎車經過他的工作地點。目標就是美國總統甘迺迪，這個人就是李．哈維．奧斯華（Lee Harvey Oswald）[44]，他具備了所有偏執型人格特質，加上很多自戀者的特徵。

當自戀／偏執型人格自絕於社會時，更要注意他們的危險性。我們一再看到，這些人**自我隔離時，他們的瘋狂想法根本不受外來干擾**。他們可以孤獨的沉浸在自己的世界裡，鑽牛角尖，放大自己的傷口，培育狂熱、仇恨與恐懼。很遺憾的，這些人造成的結

43 共產黨在柬埔寨進行的「大清洗」運動，至少造成一百三十萬人死亡，而當時全國總人口不過是八百萬人左右。

44 美國總統甘迺迪被刺案的主嫌，行刺成功後在重重警力戒護下，遭夜總會老闆傑克．魯比當眾刺殺。

果往往相同：對於他們貶低或恐懼的對象行使暴力。

例如，當麥克維被綠扁帽部隊拒絕並從美軍退役後，他決定到亞利桑那州獨居，專注於針對聯邦政府的復仇計畫。這段獨居時間裡，他策劃了奧克拉荷馬州聯邦大樓爆炸案。再早個十幾年，像麥克維一樣自戀偏執的「大學炸彈客」卡辛斯基，也是住在偏遠的蒙大拿小屋，改良技術，並且自行製造炸彈，最終害死三人、二十三人受傷。

「看好了，只要我想做，沒什麼不可以」：自戀者／獵食者

二〇〇三年，美國國務院找我**協助哥倫比亞政府，建立該國第一個犯罪剖繪單位**。能參與這個案子，我感到非常榮幸，而哥倫比亞犯罪行為特別偵查組（Unidad Especial de Comportamiento Criminal de Colombia）始終是調查哥倫比亞國內重大刑案的重要力量。我在初期協助分析的案件之一，就是「哥倫比亞屠夫」路易斯．加拉維托（Luis Alfredo Garavito Cubillos），多數美國人沒聽過他的惡名，但他是**南半球犯下最多命案的連環殺手**，七年間姦殺兒童超過兩百四十名（只找到一百四十具屍體，其他的埋屍地點連凶手也記不得了）。

我們著手進行案件分析時，凶手某張照片的神情吸引了我的注意。哥倫比亞政府派來協助我的搭檔路易斯．福雷羅帕拉（Luis Alfonso Forero-Parra，他是非常聰明的警官，

也是心理學家，現在主持哥倫比亞犯罪剖繪小組），發現我盯著那張照片。「你看到他臉上帶著自戀而滿足的微笑嗎？」我問。「他剛剛被捕，看起來似乎挺享受媒體對他的關注。」

「你這樣說起來還真有點意思。」福雷羅帕拉博士答道：「他被送進監獄時問說：『我的頭髮看起來怎樣？』」有時候獵食者也帶著鮮明的自戀性格，這就是一個例子。

的確，從獵食者的標準特徵上，可以看到自戀者的影子。美國史上最大金融騙局的幕後首腦馬多夫，侵害自己家人與朋友的權益，他似乎就帶有不少自戀者的特性，他的行為說明了：「我可以無所不用其極，做任何事情，不受任何約束。」他的獵食者行為也透露：「**我想利用誰就利用誰，想做就做，從不後悔**。」馬多夫犯罪計畫規模之大，犯案手法之大膽，傷害他人毫不留情而且態度冷漠，這些都說明了危險人格的多種面向。

許多專家相信，自戀者的侵略面向，是獵食行為的核心——也就是說，狂妄自大並蔑視他人，才會冷酷無情的將他人當作獵食目標，這樣說有道理。要成為泰德．邦迪，你應該自覺無所不能，而且毫無半點良知，將別人踩在腳下。因此，如果我們看到的獵食者具備了明顯的自戀特徵，那麼眼前就是個極端危險的人物。

不只是泰德．邦迪，查爾斯．曼森也符合自戀者和獵食者的標準。曼森從小就四處惹麻煩，犯下偷竊強盜等輕罪，也是性侵犯、善於操縱他人的騙子。他自認是天才音樂家（當然不是）和教派領導人，但曼森的真正犯罪才能是扮演上帝控制他人（自戀）、剝削他人，讓別人替他犯罪（獵食者）。他被判與共犯密謀殺害莎朗．蒂（Sharon Tate）、雷諾與羅絲瑪麗．拉比安卡（Leno and Rosemary LaBianca），整起謀殺是依照他的指令，由他的黨羽執行。

結合三種以上的危險人格類型

帶有三種或以上的危險人格特質的人，例如蓋亞那瓊斯鎮邪教領導人吉姆．瓊斯，我認為他絕對有自戀者特質，他渴望得到信徒崇拜，很明顯是自戀，也帶有偏執的特點和獵食者的元素。瓊斯需要與外界隔離，加上他害怕外來者，這顯然屬於偏執型；他帶有自戀者的囂張自大，膨脹了他心目中的敵人數量；他收取信徒的金錢，施以嚴厲懲罰，這是獵食者的行為。最後，這懲罰演變為喝下摻了氰化物的罐裝冷飲，超過九百名追隨者毒發身亡，這證明了瓊斯是危害大眾的危險人物（自戀／偏執／獵食者）。

說來悲哀，這種多重人格類型並不算少，而且常見於仇恨團體或邪教組織的領導者。大衛教派的領袖柯瑞許，跟瓊斯有很多共同點：自戀與偏執，加上獵食者的特質。主張一夫多妻的教派領袖華倫．傑夫斯也是如此，有了少女的母親共謀，以及教派掩護，讓他得以一直與未成年少女發生關係，直到被捕才結束。傑夫斯相信神命令他行使「人間」法律不容許的事情，這符合自戀者的關鍵特質；對於自己的卑鄙行為毫無悔意，這是獵食者的邏輯。最後，傑夫斯對外來者、異議者以及挑戰他的人避之唯恐不及（偏執）。他完全呈現了具備三種危險人格的模樣（自戀／獵食者／偏執）：**自私、操控、凌虐，以及毫無理由的恐懼**。

這種相關討論，還得加上一個人才算完備：蓋達組織領袖賓拉登。他具備極端自戀和嚴重偏執性格，加上獵食者的部分特質，結果就是美國九一一恐怖攻擊。只因為個人在極短時間進行的襲擊行動，全球經濟、社會和政治因此受到無與倫比的重創（當然賓拉登籌劃九一一攻擊長達數年，這點與很多高危險獵食者相同）。

當恐怖分子將行動升高到這種層級，往往範圍大、傷亡慘重，也就是說，恐怖分子覺得要做就做大的。要是這些人兼具了聰明才智與個人魅力，他們可以精心策劃並募集其他危險人物合作，共同執行計畫，滿足各自的恐怖特質：邪惡的獵食者藉由屠殺獲得快感，或是偏執性格藉著自殺式爆炸，來發洩自己的恐懼與仇恨。

四種危險人格：大開殺戒

具備了四種危險人格的核心特質，只是嚴重程度不一，也不是沒有可能。你或許能想像到，這會是怎樣一個破壞力強大、情緒不穩的人，壓力和其他因素都可以將這個人推向四種病態光譜危險的那端。希特勒絕對展現了獵食者、自戀者、偏執狂與高度情緒不穩型者的特徵，於是當他在第二次世界大戰失去了優勢，他也走向了最後一步，結束自己的生命。

你或許以為，要具備四種危險人格的人實在太少見了，但這種人可多了，很令人吃驚吧。這些人有時危害自己的社區，或是公司及鄰近城鎮，就算這些人造成可怕災難，我們也很難聽說這些惡行。此時也少有人會如此進行心理分析：「某人做了這件案子與那件案子，就是因為他結合了這幾種危險人格。」這實在太可惜了。每件命案的例行程序是驗屍，確定死亡方式和死因，但是**針對這種案件進行分析，或許能幫助我們理解真正的危險所在**。

如果有人堅稱，不可能有誰會兼具四種危險人格類型。那麼還記得烏干達獨裁者阿敏（Idi Amin）嗎？在他身上可看到這裡探討的所有危險人格，只是比例的高低而已。

他一直都是這樣嗎？我不知道。再者，證明了阿敏就是四種人格的混合又怎樣呢？成千上萬的烏干達人被他折磨或殺害，死者家屬也不會在意阿敏是不是兼具四種危險人格。重點是在某個時間點，有某些事情、東西，觸發了這些構成他人格的核心特質，造成的後果無比慘重。

而且，這些危險人物不必殺害或傷害數以萬計的無辜者，才稱得上是有威脅性。這種人可能住你隔壁幾條街，常與你擦身而過。住在猶他州的蘇珊．鮑爾已結婚並為人母，她在日記中詳細寫下她丈夫喬許（Josh Powell）做了哪些事令她起疑。甚至在二〇〇

第五章

複合型危險人格

八年記下，要是她死了，那絕對不會是死於意外。

她感到威脅逐步進逼，但因為擔心丈夫帶走孩子，因此沒有立刻採取行動。蘇珊的觀察很細微，但**因為無法證實她的懷疑，因此猶豫遲疑，難以清楚看到危險的存在**。蘇珊希望她的信仰和教會能夠讓一切改觀，但光是虔誠終究沒能保護她，信念無法拯救你脫離危險人物的魔掌。

最後在二〇〇九年，如她自己所預測，蘇珊・鮑爾神祕失蹤，警方推定蘇珊已死亡。喬許立即受到調查，因為傷害伴侶的往往是枕邊人，後來查案行動更加密集並且聚焦在喬許身上。喬許搬離現址，二〇一二年社福人員到喬許家，他用一把斧頭砍殺了兩個孩子，縱火燒掉房子並自殺。

根據證人說詞與蘇珊的日記，喬許具備偏執型人格和情緒不穩的特質，還加上獵食者和自戀者的特徵。蘇珊沒有得到他的允許，就不能做任何事情；他高興做什麼就做，喬許想要大發脾氣就對著蘇珊發洩，完全不在意自己有多殘忍；他會一直跟著她，質問她跟誰說過話。喬許的行為太過誇張，而蘇珊只能趁著上班時才能與朋友、家人說話，不受干擾。

不幸的是，沒有人告訴蘇珊，她的丈夫具備危險人物特質。據我所知，她不知道該怎麼做，也不明白這種人會幹出什麼事。然而她依舊察覺到自己面臨的處境，於是她著手寫下日記，同時感到自己的生命岌岌可危。

蘇珊・鮑爾依舊下落不明，最大的可能性是死在丈夫手中。蘇珊從丈夫的行為隱隱察覺他的危險程度，只是欠缺可靠證據和指引，告訴她快逃、離開家裡、向外界求援、馬上就行動。但是**你現在懂了該怎麼做**。

危險人物相互交流，破壞力加倍

你有沒有想過，為什麼犯人出獄後不得與其他重型罪犯接觸？根據過去經驗顯示，危險人物互相交流後，因為這些人的做案能力提高了，社會面臨的風險也隨之升高。下面例子是危險人物合作時犯下的歷史大案：

- 法蘭克和傑西・詹姆斯（Frank and Jesse James）是一八六〇年代惡名遠播的火車與銀行搶犯，濫殺無辜留下歷史罵名。
- 與詹姆斯兄弟類似的布屈・卡西迪和日舞小子（Sundance Kid），在十八世紀末與十九世紀初與卡西迪幫（Wild Bunch）結合，打劫火車並犯下多起殺人案。
- 邦妮・帕克與克萊・巴羅（邦妮與克萊）是銀行搶匪及殺人凶手，他們可不像電影中描寫的那樣浪漫瀟灑。
- 查爾斯・曼森和他稱之為「家族」的黨羽，犯下偷竊強盜案，殺起人來毫不遲疑，也無悔意。

●表兄弟小安傑洛・布諾（Angelo Buono Jr.）與「山腰絞殺手」肯尼斯・比安奇（Kenneth Bianchi）在一九七〇年代的加州強姦凌虐並殺害婦女和女童，被害者年齡在十二至二十八歲之間。

●吳志達（Charles Ng）與共犯雷納德・雷克（Leonard Lake）一九八〇年代在加州魏斯韋爾（Wilseyville）凌虐並殺害了十一到二十五名受害者，其中包括兩名嬰兒。他們甚至在自造的刑房內錄下部分案發經過。

●一九八〇年初，亨利・李・盧卡斯和歐提斯・圖爾（Ottis Toole）在美國合作犯案，七年間殺害了至少一百人。圖爾承認在一九八一年用刀殺害了約翰・沃許（John Walsh）六歲的兒子亞當（Adam），約翰・沃許是知名電視刑案節目《美國頭號通緝犯》（*America's Most Wanted*）主持人，而亞當的案子讓人們開始重視危險人格隱藏的風險，並促成《亞當沃許兒童保護安全法》於二〇〇六年通過，以及「國家性侵罪犯登記」等致力保護兒童免於獵食者威脅的措施應運而生。

●艾瑞克・哈里斯和迪倫・克萊伯德在科倫拜高中槍殺十二名學生和一名教師，並造成其他二十四人受傷後自殺。

●約翰・穆罕默德（John Muhammad）和李・博伊德・馬爾沃（Lee Boyd Malvo），二〇〇二年在維吉尼亞州、華盛頓特區以及馬里蘭州等地，以預藏在汽車行李箱的狙擊槍隨機打死十三人。

這只是少數幾個例子，這些人單獨行動就已經夠糟了，但是當他們合作犯案，一般人絕不可能安穩度日。他們往往相互照應，於是造成更多傷亡。穆罕默德和馬爾沃就是這樣，兩人互相比拚，造成長達三週的隨機殺人事件，而且一時難以阻止，讓華盛頓特區，世界上警戒最完善的首都之一，因此變成了恐怖之城。

危險人格很複雜，保護自己很單純

希望這一章有助於釐清檢核表的用法，幫助讀者了解如何善用多種檢核表來評估。

如果某人具備了一種以上危險人格的特質，這些**混合的性格會互相影響強化，使得行為意圖更為錯綜複雜，更不穩定，而且威脅也更大**。這種人在檢核表的得分越高，那麼複雜程度，不穩定性與威脅性也會越高。即使得分不高，你面對的人依舊會激怒你、辜負，或者是侵蝕你的一切。總之，如果你看重自己的精神健康，希望維持身心平衡、情緒平穩及財務穩定，那麼你得遠離這種人。

雖然檢核表無法精確預測未來行動，仍然多少能說明可能會出現的行為。行為其實無法預測，因為人類實在太複雜了。但是請記住，**預測未來行為的最好指標就是過去的**

模式。而且，既然危險人物的性格與人格都有嚴重缺陷，他們其實不太可能改過自新。所以行為可能維持不變或更惡劣，這要視情況而定。

如果你手邊沒有檢核表，又必須盡快評估某個對象，可以問自己下列五個問題：

1. 他是否讓我情緒低落、不開心？
2. 他做的事是否違法、怪異，違背道德或社會規範？
3. 他是否利用他人，只為達成自己的目標？
4. 他的行為是否威脅到你的人身安全？
5. 他是否衝動難以自制，想做就做，一刻也不能等？

答案越多「是」，你面前的人就越有可能結合了一種以上的危險型人格。檢核表能幫你更清楚的分類，判定他在行為光譜上的嚴重程度。

還有另一個訣竅：參考第一到四章的危險人格關鍵字，圈出你覺得相符的形容。這些關鍵字協助很多人以自己的經驗與被害者經歷互相比對，印證自己的猜想。

俄國文豪索忍尼辛（Aleksandr I. Solzhenitsyn）在他經典名著《古拉格群島》（*The*

Gulag Archipelago）中，清晰捕捉了蘇聯帝國及其領導人的可怕暴行，提醒世人，人類的確有可能跨過界限，抵達所謂的「邪惡」境地，然後再也回不去了。

泰德．邦迪以前有段時間沒想過殺害女大學生，但在某個時間點他跨過去了，再也無法回頭。很多人會問：「怎麼會如此？為什麼發生這種事？」有些人可能還記得，以前這個人不是這樣的。

這些事情或許值得好奇與探究，但你和我都活在當下，**目前唯一重要的事是，這人是哪種**危險人格，**是否威脅到你與親人的安全。這是我最在乎的關鍵，也正是我寫這本書的目的。**

第6章

法律與執法者都保不了你，你得學會自保

FBI教你認出身邊隱藏的危險人物

DANGEROUS PERSONALITIES

讀者大概都聽過溫水煮青蛙的故事。如果青蛙被放進沸水，牠馬上會跳出來。但是如果把牠放在溫水裡慢慢加熱，青蛙根本不會發現自己被慢慢煮熟，直到斷氣。

我在局裡訊問受害者時，常聽到這句話，只是用詞略有不同：「等我意識到發生了什麼事的時候，已經來不及了。」**人類的適應能力是很強大的求生機制，但是碰上了危險人物，可能到死都沒發現水溫逐漸升高**。

幸運的是，人類比青蛙聰明得多，可以學習提高警覺，發現加害者，並採取自保措施。但老實說，在我進入猶他州警察學校及聯邦調查局國家學院之前，還真不清楚罪犯的行為模式。電視節目的幫助很有限，而且肯定無法深度探討本書的四種危險人格，以及他們的行為模式。

撰寫本書是為了分享我多年的經驗、我受到的專業訓練和研究，以及過去訪談受害者得到的教訓。各位不會像我一樣接受完整訓練，也沒有執法人員或心理醫師隨時在旁提供諮詢，一般人不會有這種機會，這也是我分享這些知識的目的。

全美各地共有成千上萬的自殺求救中心，以及家暴防治中心。**但若是你對身邊某個危險人物起疑，其實找不到相關機構提供服務，只能靠我們自己「停看聽，再往前」，所以一切得靠自己**。不論是個人，或你身為父母或公司管理者，都得保持警覺，評估目前的威脅和危險，並採取適當行動，以免生活受到威脅，就算面臨危險也得處理。我不希望讀者像青蛙一樣以為周遭毫無問題，無視於水溫正以每小時一度的速率逐漸升高。

第六章

法律與執法者都保不了你，你得學會自保

本書只是這類書的其中一本。同類型的還有很多偉大著作，包括里德・梅洛伊（J. Reid Meloy）的經典之作《暴力機率和威脅評估》（*Violence Risk and Threat Assessment*）、尤道夫斯基醫師的《致命缺陷》、山謬・約赫森（Samuel Yochelso）與史丹頓・沙門諾（Stanton E. Samenow）合著的《犯罪人格》（*The Criminal Personality*）、羅伯特・海爾的《沒有良知的人》（*Without Conscience*）以及蓋文・德・貝克的《求生之書》等。有很多人都能提供援手，我希望讀者能翻到後面的參考資料，了解有哪些專業機構能給你充分協助。你學到的越多，越常尋求協助，準備就越充分。

接下來，是我依據幾十年的執法和犯罪剖繪分析的經驗，提供一些想法。請好好思索這些建議，但也請記住，這些觀點來自一名前執法人員和與犯罪剖繪員，自然不同於精神科專業人士的主張。讀者若能參考他們的意見，當然十分明智。本書來自我個人的經驗與觀點，自然不能當成這個議題的最終定論。

別想跟危險人物「好好談談」

面對危險人物時，一般人常會得到這類善意的勸告：「跟他好好談談，請他去看醫生；試著一起面對問題，再給他一次機會。」辛普森的前妻試過上述所有辦法，而她現在已經沒命了。**如果你處理的是一般人際關係，這些或許是好辦法**。但要對付本書中的

四種危險人物，那可不太一樣。

首先，正如前面幾章所說，這些**危險人物並不認為自己有什麼問題**。就算你努力對他們解釋這個事實，**往往會得到這樣的反應：「我沒問題，你才有問題。」**、「你知道自己在說些什麼嗎？」、「**誰跟你說我有問題，我好得很！**」或「你跟誰講的？你告訴他們什麼了？」當然也有其他反應，上面幾種已經算好了。

我倒不是說，你不該找他談談。或許你面對的人，在危險光譜上位於比較輕微的那端，因此願意求醫，不至於對你發洩暴怒。但如果他們答應尋求專業幫助，結果卻只是說說而已，或是只去一次就再也沒下文，這些都不令人意外，我訪談過的許多人都告訴我這個情形。

請記住，這些人的個性與人格都有缺陷，所以自戀者會對你大發脾氣，因為你的建議等於否定了他們自認完美的形象；情緒不穩型人格會大大發作，這是他們的天性；獵食者絕對看不到自己有什麼毛病，而光是建議他看醫生，可能會觸怒他們；偏執者聽了就更加確認你是「敵人」，更不信任你了。也因此我認為，建議精神狀態有異的人去找精神科醫師或是心理治療師，對多數人來說是不錯的辦法。但是碰上危險人物，你得小心處理，因為此舉可能非常冒險。

例如，如果你跟他們正面交鋒，要求他們一定得找精神科專家看看。請千萬要妥善處理，**盡量避免冒犯他們**，並準備好面對嚴重反彈。我認為除非你有把握能保護自身安全，否則這方法不值一試。

你的狀況只有自己清楚，不要因為別人建議就莽撞行事，你很可能遭到暴力對待，或是接下來得過著痛苦的日子。

有些專業人士特別研究這些人格異常與犯罪行為，行為矯治既是藝術也是科學，最好是交由精神科專家處理，而且**就算是專家也未必能成功矯正某些人。危險人格欠缺內省能力，也不願改變自己的行為**，因此這像是場艱苦的戰役，只能請精神醫學專家處理，而不是一般人能辦到的。而且即使是專家也不保證成功，因為可能對這些人根本起不了作用，或者他們抗拒改變。

如果有人在危險光譜上，已超越了易怒、精神不健全或是凶狠致命、行為不穩，甚至到了會犯罪的程度，請特別小心防範。

像是泰德．邦迪、亨利．李．盧卡斯、約翰．韋恩．蓋西，或是森達斯基，這些人不會上精神科排隊候診。就算他們犯罪也不覺得自己有問題，要替他們尋求專業協助，這可是另外一回事。一旦他們瀕臨會犯罪的程度，或者他們不理性、情緒不穩定，那就是你得遠離他們的時候，**離開現場、保持距離**。這聽起來太直接，卻是**我畢生專業經驗所能給出的最好建議**。

保護自己，每天可以做的準備

我們每天到底該注意什麼，才能保護自己？我多年來詢問專家得到的答案，就列在下面，這些建議當然不夠全面，還有很多專書會詳細說明如何應對。但我希望讀者能在此學到一些訣竅，這些技巧在過去曾幫助不少人遠離危險，讀者應該也能從中受益。

善用本書檢核表

法國化學家和微生物學家路易．巴斯德（Louis Pasteur）帶給世人的發現之一就是巴斯德消毒法，他曾說：「機會是留給準備好的人。」一點也沒錯。讀到此處，讀者應該很熟悉四種危險人格的特質跟相關的檢核表內容。對這些性格特徵常保敏感之後，就能應對得更好，活命機會更高。

檢核表不只光是為了協助讀者，用以評估生活中已引起你警覺的人，同時也有教育功能：提醒你這些危險人物採用的操縱手段，他們會測試你的忍耐限度；他們會違反你的意願並滲透到你的生活；他們會虐待他人的身心；他們撒謊、欺騙、偷竊，破壞你的生活；他們讓別人身陷險境，甚至危及性命。**就算這本書你只讀一次，也請不時翻閱四種檢核表提醒自己：**我們為什麼要遠離這四種人。

第六章

法律與執法者都保不了你，你得學會自保

該觀察什麼，才不會視而不見？

我小時候每個週末都會跑去邁阿密海灘。那裡有很多來自歐洲的觀光客，他們的幼兒也是照著歐洲習慣，光溜溜的跑來跑去。我常看到有個衣著輕便的男子在附近拍照，帶著一整個背袋的鏡頭和底片，我總以為他是專業攝影師。但是他似乎對歐洲遊客特別有興趣，而且常常貼近那些小朋友，拍攝他們追逐浪花或堆沙堡的模樣。我當時沒特別想到什麼，我只注意到他的相機。

在我十一歲的眼裡，只看到一個攝影師；我沒觀察到的，則是一名戀童者的行為。**我對眼前發生的事完全視而不見，因為從來沒有人教我該觀察什麼**，也沒人告訴我這就是性侵犯與兒童色情狂的行為。多年後我開始研究性犯罪，這才恍然大悟，真正看到當時的一切經過與意義，我以前心理上沒準備好，因此一直觀察不到。

許多可怕罪案發生之後，都可以看到記者訪問嫌犯的鄰居：「他是什麼樣的人？」多半會聽到「他是個好人」之類的回答。將近四十年前，調查人員在約翰・韋恩・蓋西的伊利諾州家中挖出第二十六具屍體時，記者訪問蓋西的鄰居，答案不出所料，蓋西「是個大好人」。

這個狀況到目前也沒什麼改變，**一般人總不懂得觀察。事實上，情況現在可能更糟。你在公共場所注意看看四周：現代人大都埋頭滑手機，撞到別人才抬頭，耳朵也多半掛著**

耳機。如果你的目光始終緊盯著螢幕，或是不停講電話，沉浸在音樂節拍裡，怎麼可能發覺有人尾隨你，跟蹤你去取車。現在有多少人這個樣子，獵食者可是相當清楚。

請把這本書和檢核表當作一個非正式的訓練，幫你培養觀察力。觀察能力會維護你的人身安全，也能保護你的親人。十九世紀知名法國刑事學家和生物統計學家貝迪詠（Alfonse Bertillon）說：「**我們只能『看到』自己『觀察』的結果，而我們能觀察到的事物，其實都已存在腦中。**」

相信直覺：此人給你什麼感覺？

我在第四章的開頭，寫下我面對獵食者的感受：身體發抖，而且我聽到槍中的子彈發出撞擊聲。**人類身體有個內建的警報系統，如果我們願意傾聽，就會得到警訊。請對他人給你的印象與感覺保持警戒**，這是很容易被輕忽的關鍵，也是專家常犯的錯。隨時注意到你對他人或當下狀況的身體反應：胃部緊縮、頭髮直豎、皮膚泛紅、反胃焦慮，或是隱隱覺得不對。多虧這些生理反應，我們才能獲得大腦傳遞的訊息：「小心，這人可能是個危險人物。」**好好珍惜「恐懼」這個禮物**。

第六章
法律與執法者都保不了你，你得學會自保

「討喜」不等於「善良」，差多了

連環殺人魔泰德．邦迪會對年輕女子伸出援手，幫她們提菜籃或購物袋；性侵犯與連環殺手約翰．韋恩．蓋西會扮成小丑模樣逗樂鄰居小孩；兒童性侵犯森達斯基為問題少年主持體育訓練課程。他們的待人處事都十分討喜（這種人通常都很擅長討人喜歡），但關起門來，可就一點也不和善也不好心。他們根本是惡魔。

這社會有個問題，就是把一些本質差勁的人想得太好了。我在前面章節就已說明了，危險人物很清楚如何討人喜歡，但其實存心不良。

我很小的時候，母親教給我西班牙人的智慧：「機會主義者不是好東西」（Ventajeros no son buenos），意思是說：另有企圖的人往往心懷不軌。許多年後，我讀到另一種令人激賞的詮釋：**「討喜不等於善良。」每個人都該懂得分辨個中差異**，並教給孩子這寶貴的一課。

討喜只是一時的行為，而且往往帶著自私的意圖。善良是發自內心，也是這人的本質。善良是從他人角度思考，始終如一的關心他人需求，就像父母對待孩子一樣。善良的人也會有生氣或惱怒的時候，但他們很快就回到本性，不論思考、言語還是行為，都以善為出發點。討喜不過只是人人都可以表現的行為，善良則是發自內在的意圖與性格。**判斷一個人善良與否，往往要看行為背後的意圖**。請告訴孩子如何分辨這個差異。

保持距離，就算對方是家人也一樣

距離能幫助你遠離威脅與危險。不論是牆壁、圍籬、大門、房門、車窗，或「家長監護」的電腦設定，都能保障你的安全。有時我們得自己設定距離與障礙，你在提款機旁可不願意有人太靠近，或是開車時也會跟其他車輛保持距離。

就算是親密伴侶間的爭執，你也不想貼著臉大吵。**空間、距離和障礙有助於設下安全界限**。請記得獵食者會先控制你的空間，再來是身體與心靈，造成財物損失或精神傷害。空間和距離可以阻止他們得逞。

控制時間：讓一切減速

危險人物會巧妙運用時間來占你便宜。他們**編造緊急狀況，要你倉促決定，誘騙你結婚或聘用他們、簽下合約、簽支票、讓他們進門，或是接受他們的信念。請拉長時間作為緩衝**，多點思考餘裕，**別在壓力下決定**。請記住這點：**如果有人以時間作為施壓工具，一直催促你，那一定有問題**，真正體貼的人不會逼著你趕快行動。

危險人物也會利用時間來消耗你、折磨你，不停挑起爭端，甚至慢慢升高威脅程度。如果你感到有人正在消磨你的精力，請保持距離，或是直接絕交。需要的話，請找些值得信賴的親友，讓他們隨時提供援助。

如果感覺對方在操縱你的情緒……

如果你身邊有人操控你的情緒（或是打算影響你），那就有問題了。真正關心你的人不會這麼做，**危險人物**才會玩弄他人：**他們知道你會被哪些話或行為給打動**。這種人可能會威脅要離開你或自殺，或是告訴你，如果你不照著他們的話做，就會毀了自己。另一個可能是，他們會像小孩般鬧脾氣、哭泣抱怨，就是要你聽他們的話。

請靜下來提醒自己：如果你的情緒因此被左右，代表有人刻意要影響你。這是操縱，你可不想這輩子都受制於人。別成為這種人手中的玩偶，拿回生活的主導權。看清楚他們的企圖，設下界限。澈底遠離這種操弄情感、毫不尊重你的人。

所謂「危險人格」，以嚴重性與頻率來評估

面對危險人物時，從我們觀察的行為，以及這些行為如何表現，可知道此人在危險光譜的位置，有助評估危險程度，以及是否帶有多種危險人格特質（參見第五章）。

如果這人偶爾才顯露出一到兩個危險特質，這當然不要緊。正如之前提到的，誰都

可能過得不順心、發點脾氣。但如果**檢核表中的行為一再出現，而且隨時間越演越烈**，或對你的身心造成危害，請小心處理。記住：面對危險人物時，順從會被當成軟弱，或是允許他一犯再犯。

注意時間地點，就能降低風險

我在坦帕處理過這樣一個案子。一名年輕女子被勒斃並棄屍在主要幹道十二英尺外的樹叢中，生前曾遭強暴。我們分析她的生活步調，發現了幾點：失蹤的那晚，她曾出門買香菸（我們發現她公寓裡的香菸盒都空了）。她走到兩條街外的一間二十四小時營業的便利商店買菸，在晚上十一點十分左右離開，店內監視器拍到她獨自買菸後離去，後來她在回家路上遇襲（手臂因抵抗而留下傷痕），遭到強姦（遺體內有精液反應），並被勒死（頸部勒痕）。

曾替她結帳的店員說，這名女子過去常到店裡買菸或其他用品，但這次不一樣的是，她到店裡的時間：以前她多半在下班時間，下午五點半左右，當時天色還沒暗下來，依舊有不少人車經過。僅僅是時間不同，便讓她從辛勤工作後採買日用品的單身女子，變成命案受害者。

只要改變時間跟地點，你就可以從受害風險極低，變成高風險受害對象。下午四點

第六章

法律與執法者都保不了你，你得學會自保

到凌晨兩點間的暴力案件增加，再加上酒精與藥物催化，情形也更嚴重。這是一九六〇年以來就發現的數據，然而大家似乎都沒把這個事實放在心上。

這當然不表示下午四點後你就不該出門，但得特別小心。同樣的行為，發生在上午十一點與晚上十一點，帶來的結果可能是一條人命的差別。

注意自己走路的方式，別成為獵物

獵食者通常從走路方式來挑選目標。下次你出門時，觀察一下四周，注意觀察他人，讓別人知道你在看，就算看得太直接也沒關係。走路時眼神專注果決，邁開腳步（加上手臂擺動），而不是被動的拖著步伐。

獵食者喜歡被動、漫不經心的人。面對來車，別讓車子從你身後逼近。走向車子時，千萬別講電話，而且至少得有一隻手空出來。獨自步行時請避開暗巷，也別太靠近馬路邊。在荒郊野外或是樹叢茂密的地方，請注意是否有人藏身其中。

先查證，才信任

企業中的「盡到善良管理人義務」或說「盡職調查」，指查證合作對象的身分與說

詞，調查對方的可信度，是否有任何問題。不論是「盡職調查」還是「調查他們」、「驗證誠信」，或證實對方是否「正直守法」，在日常生活中也適用於我們遇到的人。

很多人願意帶陌生人回家，把孩子交給陌生人帶，或是沒有事先調查就放手讓他人處理自己的財務交易，這實在讓人難以想像。很多人結婚後才發現自己的配偶另有婚姻關係，或居然是通緝犯，也可能是個徹頭徹尾的騙子。

一般人買個廚房家電都會花時間調查比價，難道約會的對象、即將共度一生的人，就不該花更多時間去了解嗎？這人的個人資料（姓名、出身地、上過哪些學校）查得到嗎？是否見過她的家人？她真的在她所說的地方上班？結過婚嗎？要調查似乎挺麻煩的，但你已經讀到這麼多故事，看到許多正直的人遭到利用或侵犯。**要是你沒有盡到自己的調查義務，真正了解一個人，等於是讓自己親身涉險。**

察覺異狀，立刻行動

行動前請不要等待太久。如果你一開始就察覺到負面的訊息，請立刻採取行動。娜塔妮．哈勒維在阿魯巴的那個假期傍晚，可能覺得有些不對勁了，然而就算她曾認知到這點，也來不及了。那時她的朋友先行離開，她孤身在國外，四周圍繞著才剛遇到的陌生男子。你應該還記得，娜塔妮的遺體始終沒被找到。另外，崔維斯．亞歷山大與裘蒂・阿里亞斯交往初期可能也看出一些端倪，但他同樣拖得太久，始終沒有採取行動。**面對危險人物時，你實在沒有太多時間來反應，如果你不知道該怎麼做才好，保持距離可能就是最好的行動方案。**

如何應付危險人物

當然，最好的辦法就是遠離這種人。但有時就是辦不到，也許是危險人物找上我們，或是我們因為種種原因碰上他們，像是旅行、結婚、工作，也可能這種人是我們的親戚。無論如何，如果你認為自己碰上了危險人物，最重要的是懂得自保。我希望下面的策略，會有所幫助。

別急著歸類他是哪種人

利用危險型人格檢核表，先了解你面對的是哪種人。如果手邊一時沒有，起碼搜索一下記憶中的危險特質描述，看看此人符合哪幾項。這樣你比較清楚自己面對的威脅，又該採取哪些自保行動。

話雖如此，**要是你已遭到生命威脅，一秒都別耽擱**；要是對面走廊有個持槍歹徒，當然用不著這些檢核表，**趕快跑就對了**。另外有些時候，例如前面所提到，有騙子試圖取得你祖母的銀行帳戶，這種例子就比較難察覺。

無法立馬閃人，就該找人幫忙

你或許注意到自己的丈夫是個騙子，慣於撒謊與施虐。然而家人與共同財務問題可能讓整個情況複雜化。沒錯，他是危險人物，而且在兩類檢核表的「得分」都很高，但你就是沒有充分理由離開他。

如果這發生在職場，你需要這份收入，而那個惡劣老闆是你的親戚，也有可能你得多存一點錢才能離職。這些故事我聽多了，也能夠理解。你必須實際的看待現況，才能找出對策。

老實說，**狀況越複雜，你越需要幫助**。或許你要過一陣子才能完全脫身。但如果事態越來越嚴重，像是威脅與暴力程度逐漸升高，你可能已無選擇餘地。我認識的每個飛行員都想保住自己的座機，然而危急存亡的時候，除了棄機跳傘之外，實在已無能為力，現實生活也是如此。

如果這是職場問題，你可以想辦法轉到其他單位，或是換個值班時間。請跟人資或管理部門談談，找到人支持，但最終你可能還是不得不辭職。順帶一提，蘋果電腦共同

第六章

法律與執法者都保不了你，你得學會自保

創辦人賈伯斯就有不少部屬採取這一步，翻開艾薩克森寫的《賈伯斯傳》（*Steve Jobs*）就知道了，你會佩服賈伯斯的遠見，但他也是情緒多變的病態。

數十年來賈伯斯對部屬極為惡劣，搞得許多員工情緒緊繃，有些人還出現身心不適的症狀。因為無法忍受賈伯斯的惡行惡狀，連他的創業夥伴沃茲尼克最後也不得不離開，這或許也是你必須走的一步。蘋果電腦的員工發現，**就算賺上幾百萬元，也不值得賠上身心健康**，什麼都沒有比身心健全來得重要。

辭職當然比離婚容易得多。婚姻總是牽涉到共同財務與孩子監護問題。要是你的情況很複雜，那絕對需要幫助，而且遠遠超過任何書籍可以解決的範圍。請**尋求專業人士的幫忙，讓專家介入、指引並協助你**。如果情況真的很嚴重，那就需要社服單位跟警方接手處理。

利用檢核表多方面查證，確認你目前的狀況。接著就該找專家幫忙，**絕對不要遲疑**。去找精神科醫師，或帶著本書去報警，告訴他們：「請看看這個檢核表，上面寫的就是我親密伴侶／丈夫／老婆／父母／朋友／孩子做的事。」如果你做好準備，手邊有資料，那麼警方絕對會受理這些控訴。

接下來就是關於資料的部分……。

將行為歸類建檔，存證有備無患

我派駐波多黎各時，有個主管對部屬極盡口頭凌虐之能事。他對我與其他人都是高聲斥責。在他對我發作了幾次之後，我學到該怎麼做。

接下來每次他到我辦公室，或是要我去他辦公室時，我一定會帶著筆記本，等他開始大聲罵人，我就開始寫個沒完。他也知道我記下他的話，以及他的態度，於是很快就住口了。我發現，對某些人來說，言行舉止被記錄下來往往會改變他們的行為，或是避免進一步的騷擾。

但有些人不只是嗓門大，而且性情更暴烈或暴力。這時我的建議也是一樣，**按日期和時間記錄他們做的事，如果這些行為一再發生，更要記下來**。這對你有好處，日後甚至可以救了你自己，不論狀況發生在家裡還是公司。把這些事件以電子郵件寄給自己，**這樣簡單的動作可以保存紀錄，以後會有用處**。

如果有人對你大聲斥罵、對你甩門、毆打你、甩你巴掌、把你的車胎放氣、跟蹤你、打騷擾電話，請記下細節（時間、日期、內容）。我總是一再重複妮可．布朗．辛普森的例子。假如她保留了私人紀錄，詳述辛普森如何騷擾她、打電話給她、闖入她的公寓、毆打她、把她扔在地上、一再傷害她。要是妮可帶著這份紀錄去警局，或是找上州檢察官，告訴他們：「請幫幫我。」結果會如何？我認為，如此一來案子的結局會大不

第六章
法律與執法者都保不了你，你得學會自保

相同。千萬不要以為警方或執法人員的筆錄就已足夠，我們有責任為自己的案子**提供完整證據**。

我曾訪談過許多在離婚案件勝訴的女子，她們都保存了詳細的日誌，記錄丈夫的凌虐或偷竊行為。請記住：在開庭或任何正式訴訟程序中，書面日誌往往優於光憑回憶的陳述。對手的律師最不願看到原告提出了詳細的書面紀錄（不論是配偶、員工還是商業對手寫下的記事）。

告訴別人你的處境，尋求外界支持

你在危險人格檢核表中找到的符合特質越多，就越需要對外求助，建立你的後援與支持力量。請讓所有家人親戚都知道你受到何種待遇、你面對什麼樣的人物；**請告訴你的鄰居，或是常服務你的酒保，或跟健身房的教練或老師談談**，讓你的朋友明白這人是如何折磨或虐待你。讓你的親朋好友打電話來，到家裡拜訪，探問你的安危，隨時保持警覺。他們會證實你的說法，需要時也可以伸出援手。

還記得第一章裡我提到，有個女子被逼得只能與孩子坐在地上？聽來或許難以置信，但的確是她的朋友聽說經過，並到她家探視，才目睹並證實了實際狀況。

想限制你的人身自由，就是危險人格者

不論是誰，只要是企圖限制你人身自由，就絕對有問題。當你加入一段關係、一個群體、組織，還是教派，而你感到這個人正讓你逐漸疏離家人朋友、同事，或是你熟悉的人際圈子，那麼這個人應該是危險人物。真正關心你的人，會希望你快樂幸福、與朋友來往。

要是這種人企圖將你與他人隔絕（方法有很多，像是引起你內疚，或貶低你的家人朋友），請記得，**危險人物利用隔離作為控制手段**。從吉姆．瓊斯到泰德．邦迪都是**先孤立受害者，才進而加以控制。請盡量避免被孤立**。

這也包括避免進入陌生人的車輛，或是接近意圖不明的人。一旦你上了車，潛在的危險絕對會增加，而你的逃生機會也微乎其微。

只要有人逼你上車，絕對要尖叫抵抗、高喊踢打，用任何方式抵抗，或抓或咬，就算對方持刀或持槍等凶器，也別放棄。因為上了車，會有更大的危機等著你。我再重複一遍，就算對方有槍，你也得盡量避免上車。身為前執法人員和調查局探員，我必須強調這一點。

第六章

法律與執法者都保不了你，你得學會自保

設定界限，不容越界

我父親在一家五金行工作多年，老闆是個混蛋（兼具了自戀與情緒不穩的特質）。他對部屬厲聲痛罵，對著牆亂丟東西，甚至對客人大吼。但他從來沒這樣對我父親，我問父親為什麼，父親答道：「我第一天就告訴他，『絕對不能這樣跟我說話。』」**你要是寬大縱容，別人就會得寸進尺**。請設定不容侵犯的界限，沒有商量餘地。對這些人來說，**「不」的意思就得是不**，他們太會得寸進尺，你得明確設定界限，而且堅定的捍衛立場。

有趣的是，情緒不穩型人格很需要架構與規則，因此設定界限會很有幫助。**只要建立了規則，請確實執行，絕對不要讓人跨越紅線**。如果這些人一再越界，你就得採取行動。否則他們會一再犯規，接著就是虐待你、耗盡你的精神、測試你的耐性，讓你身心俱疲，甚至威脅到你的安全。

避免事事配合，陷入被操縱的處境

人們往往只注意到設下保命的界限，沒想到該預防他人的操縱手段。然而，操縱控制常常是加害的前奏，這些人會一再消耗你的能量，要求特殊待遇或好處。

他們會遲到，讓你枯等，要你改變行程，讓你配合他們的需求調整，**請不要縱容這種惡劣行為**。只要自戀者發現，這場會議沒有他也照常舉行，等他現身時大家毫無反應，下回他就會提早出席會議。但要是每個人都苦苦等候，在他到場時皺眉嘆氣，他下次絕對會再照樣操作。

有人會說：「這算是愛之深責之切嗎？」絕對不是。真正的愛是無私的，帶有互相尊重與成熟的界限。這方法看來強硬，是因為用來對自私的自戀者、情緒不穩型人，或是獵食者。這些人根本不尊重界限，也不尊重他人。

讓孩子得到正面的傾訴管道

無辜的孩子應該受到保護，盡可能遠離任何危險分子，這包括父母或父母的伴侶。如果孩子無法脫離現狀，那麼比較好的模式是讓他們有機會離家外出，或有個地方讓他們暫時忘記現狀，體認到何謂安全與快樂。

孩子需要與充滿愛心的親戚或照顧者相處，讓他們有機會傾訴，可能的話也要安排治療。他們也應該參與學校活動，參加球隊或其他運動、與動物接觸，或是發揮自己的創意，像是藝術、閱讀，或音樂。**讓孩子明白何謂正常的生活：這裡沒有爭執斥罵，更不可能有威脅性的言辭與行為**。

第六章

法律與執法者都保不了你，你得學會自保

我處理過一件孩子在家中自學，而父親兼具了獵食者與自戀者特質。這些孩子直到十五歲後，才開始理解到何謂「正常」。這對他們並不公平。我們的責任是幫助孩子明白，各種形式（不論生理或心理）的虐待都不正常，也不該容忍。

遭遇危險，立刻採取行動

危險人物有時行為極度惡劣、不穩定，或是犯案，讓身邊的人面臨嚴重威脅，包括財務損失、情感受創，或身心傷害。一旦這些人跨入了危險人格光譜上極度危險的那一端，絕對要立即採取行動。這情況為何發生在你身上，原因已經無關緊要，此時你得馬上逃離，請馬上從這段關係抽身。

如何處理危險人格帶來的威脅，這裡有幾個策略：

先依直覺行動

如果你生理與直覺反應，或是**你的心告訴你快逃**，請聽從自己的反應。就算日後需要道歉，你也可以視情況進行彌補。但如果當下你覺得受到威脅，**請趕快脫身，千萬別遲疑**。

如果這個危險人物威脅你的人身安全，企圖控制你的行動與思考，侵犯你的空間與財產，或是這樣對待你的親人，你就必須立刻行動。但是，請別引起他們注意，趕緊脫身就好。

別和危險人物爭論對錯

如果此人很危險，**別跟他爭論事情對錯**，這樣比較保險，把焦點放在如何安全脫身。正如我所說，這些人會對你發洩，**如果你感到情勢緊張，還要求他們去尋求專業協助或是與他們正面衝突，對你全無好處**。

他們可能更加暴怒，找你報復、破壞你的財物、清空銀行帳戶、帶你的孩子遠走高飛，甚至持槍闖進辦公室挾持人質，企圖自殺，或其他暴力行為。請先想好你能如何脫身，退出或安全逃離。如果必須與他們對話，請保持冷靜，盡量靠近門或出口。

向你的親朋好友示警

如果狀況惡化，而你覺得生命受到威脅，事態每況愈下，請向你的人際網絡求援。請親友不時經過你家，或是更常來家裡拜訪，天天打電話給你，如果電話沒接通就立刻上門查看或報警。沒錯，事情就是會如此嚴重。

求助於專家

如果你還沒找專業機構求助，像是宗教組織、神職人員、心理諮商師、律師、警察、危機中心、社服單位，或求助熱線，請現在就這樣做。馬上！你需要支持與後援，以及一張安全網。請別感到難為情，也不要再猶豫。緊急熱線（警察、消防隊、救護車）的成立宗旨，就是為了在每個人需要救助時馬上協助。

不要獨自面對

如果你不得不與施虐者或是罪犯對話，又擔心會受傷害，請找一名精神科專業人士、家人或朋友陪同，而且請帶著手機。或者你可以打電話跟警方求援，請他們保持待命。警方一定會介入處理，因為家庭暴力案件越來越多，多數警察機構都清楚這種情況需要優先、小心處理。

不動聲色，擬定脫身計畫

確保自身安全是首要條件。我聽說過有人**花了好幾個月的時間**，計畫從一段與危險人物的親密關係中脫身，而且**做得神不知鬼不覺**。例如，策劃一頓看來正常不過的晚餐，告訴對方必須出門買點東西，然後便一去不回（或者過段時間再請朋友陪她回來搬東西）。一旦涉及到你與孩子的安全，請盡量採取保險的措施，遠離這個危險人物。

存錢應急

如果你要快速抽身，絕對需要一筆救急資金。若是感到事態不妙，或者可能惡化，請做好經濟上的準備。用各種方法，包括變賣個人用品，籌措足夠的金額。我在哥倫比亞碰過一個案例，她從虐待成性的丈夫身上每天拿個幾毛錢，為自己和女兒存到買公車車票的錢，逃回自己娘家。

覺得對方不靠譜，像在哄騙時……

要是某件財務交易看來有詐，或是哪件財務相關的事情似乎不太對勁，請多問問題，不要馬上開支票或交出信用卡號碼。不論你的下一步是什麼，絕對不要單獨進行。

請找人評估狀況（最好是銀行主管、會計師或律師等有證照的專家），了解你的投資項目與考量，問問他們這樁交易是否划算。如果這是筆重要投資，花個四百美元請律師或另一個專家來評估，總好過平白送上四萬美元給某個危險人物。

別捨不得

那些不幸碰上危險人物的人，後來都有共同的體認，我稱之「大徹大悟」。這些人與危險分子糾纏多年，一再失望落空，但既然已投下大量精神時間，他們只得繼續努力，希望看到轉機。最後他們總算覺悟到，這段關係永遠不可能符合他們的期望。這是很大的覺醒：那一刻，你終於了悟到已經不可能再多做什麼，你一直在受苦，現在就該放手。

「大徹大悟」其實並不好過

人們總是覺得自己笨透了，一直被利用，生活在謊言裡，從此再也無法信任他人。有些人藏起這些傷痛，不停自責。所以在此時格外需要心理諮商，請盡量找專家談談。

但**請別認為只有你是這樣，所有人或多或少都會碰到類似經歷**。

保持距離

你現在或許看出這番建議的主軸了：**最有用的就是距離**。沒錯，我可以很直白的說，我關切的是受害者與家屬。從我的經驗來看，危險人物極少改變，而且他們絕對會重創你的心理與情感，奪走你的財產，造成人身傷害。很多時候，我們只要與這些危險人物保持距離，就不會再受到傷害。

這是我的個人觀點，與很多人不同。我與很多受害者訪談時，發現他們即使身心都受影響，依舊想著事情應該會有轉機。我相信已故瑞典外交官、聯合國第二任祕書長道格·哈馬紹（Dag Hjalmar Agne Carl Hammarskjöld）的至理名言，他曾經歷二次大戰的大屠殺，他說道：「若是想要花園草木扶疏，就別給雜草任何生長空間。」**如果雜草始終除不盡，那就該搬到另一處新花園了**。

特別提醒：要是你自認帶有危險人格

許多年來，我寫了很多有關危險人物的文章。當然總會有人寫信來，或當面告訴我：「我看到自己有很多行為與特質符合這些標準。」如果情況真是如此，我想成為第一個恭喜你的人，因為你對自己十分坦誠。

現在你讀到這些特質，請找專業心理諮商來幫助你矯正這些特殊行為。先學著將你自己與這些行為區隔開來，因為這些行為最終也會害了你。

我希望這本書能幫助讀者深入危險人格的各個面向，學到自保的技巧與工具。生命是值得珍惜的禮物，別浪費在危險人物身上，最終只剩下掛在脖子上的葬禮花束。

過去大家住在小村落裡，每個人都彼此熟識，很容易就看出哪些人具備危險性格，人與人之間也比較常互助。然而現在多數人住在大城市裡，社區規模一直成長，彼此互助也更困難了。但這絕非完全不可能。

我們有責任維護自身安全，也有義務保護家人與社區安全。藉由加強教育，提高警覺，以及資訊互相交流，不只能幫助他人，同時也保護了孩子。但是我們首先得幫助自己，讀完本書就是邁出很大的一步，你與親人的人身安全都能因此受惠。市面上也有很多相關書籍，希望讀者能多加利用。

我認為人人都該互相尊重，得到尊嚴的對待。這是我始終致力實踐的信念，就算對那些被我關進監獄的重刑犯也是如此。儘管**人人應該互敬互重，這並不表示允許他人侵犯或利用我們**。

撰寫本書的用意之一，是幫助讀者看清，你是否得到尊重，或你是否遭到虐待與侵犯，甚至面臨生命威脅。希望讀者現在具備了充分的知識，**對許多跡象保持警覺，在危險人物下手前先一步發現他們的意圖**。

幸好，我們碰見與來往的絕大多數人，都不具備這些危險特質。很多時候大家都懷抱善意，互相關心。但我也知道，你總會在哪個時間點碰上某個危險人物，因為這類人並不少。如果你真的遇上了，請記得我最後的忠告：

你沒有義務承受折磨，**也不必任由他人傷害**。

遇到危險人物，
幫得上你的參考資料

網路時代，讓向外求援更為容易，以下有一些相關機構（編按：適用於臺灣），能提供各方面的協助。如果你知道有人心理健康有狀況，或是遭受侵害，這些資訊就能夠幫得上忙。當然，這份清單仍然不夠完備，在你居住的區域附近，也有很多團體、組織樂於伸出援手，只要翻閱電話簿或是上網搜尋，就能找得到。不要認為你自己孤立無援、沒有別人能夠體會你的遭遇，有許多人正等著幫你脫離現在的處境。

兒童受虐

- 財團法人台灣兒童暨家庭扶助基金會：0800-078-585（您請幫我幫我）。
  提供兒童、少年的急難救助與保護安置服務。
- 兒童福利聯盟文教基金會：
  「哎喲喂呀兒童專線」（兒童心理諮詢服務）0800-003-123。
  專為十二歲以下兒童設立，由社工員擔任接線生，聆聽、了解孩子們的煩惱。

失蹤兒童

● 失蹤兒童少年資料管理中心：

「失蹤諮詢兒童專線」0800-049-880（您失蹤，幫幫您）。

由內政部兒童局與兒童福利聯盟文教基金會共同成立的中心，提供協尋失蹤兒童的服務，在向警方報案後即可通報，無須等待二十四小時。

家暴

● 家暴專線：113。

一個號碼，三種服務（家庭暴力、兒童保護、性侵）。

針對遭受家庭暴力及性侵害的被害人求助專線，全國統一號碼、全天接聽、全年無休、免付費，除了提供一般通報之外，更是被害人自行求助的主要管道。

外國人急難求援

● 外來人士在臺生活諮詢服務熱線：0800-024-111。

提供外籍配偶及外國人相關諮詢服務。有多種語言服務，包括國語、英語、日語、越南語、印尼語、泰語及柬埔寨語。

法律諮商

● 財團法人法律扶助基金會：「全國法扶專線」02-6632-8282。幫助無力負擔訴訟費用，卻又需要專業律師協助的人。

● 原住民法律扶助專線：0800-585-880（我幫，我幫幫您）。由原住民委員會委託法律扶助基金會，提供有需求的原住民服務。

自殺防治

● 社團法人國際生命線台灣總會：「生命線」1995（要救救我）。生命線是國際性的電話心理輔導機構，藉著全日電話守候，致力於自殺防治。

遇到危險人物，幫得上你的參考資料

●財團法人「張老師」基金會：1980（依舊幫您）。

協助求助者處理情緒及各種生活的困擾，針對當事人立即性問題處理。也提供晤談諮商、郵件與網路輔導。

寫下求救電話！

最後，但是很重要的一點，在你的手機電話簿，或在此處寫下當地警察局、社福單位、急難救助，或者是任何可能會用得上的電話號碼。這件小事，能夠省下你的時間，救你一命！

致謝

一旦踏上了追尋知識的旅途，一定有許多人值得你感謝。首先感謝的對象來自本書參考書目，諸位作者都願意花時間與大眾分享專業，我深深感謝他們。

已故的菲爾．昆恩博士說服我加入坦帕大學（University of Tampa）犯罪學系兼任教職，在我研究探索這些缺陷人格的路途上，他是我十多年來的人生導師。對我來說，他的觀點獨特的匯集了人道主義者、心理學家與犯罪學家，深深影響我後來理解複雜主題的看法。

魁北克警局（Sûreté du Québec）的米歇爾．聖伊夫博士（Michel St -Yves）是我的同輩作者，我很榮幸能得到他的友誼與協助。多年來我們在加拿大共同參與無數專案，他在專業領域中非常了不起，對於本書的評論也沒讓我失望。

特別感謝「今日心理學」網站總編輯卡婭．佩里納（Kaja Perina）在百忙之中讀過初稿並給我建議。雷納德．特瑞多博士一邊為他的第十二本書收尾，一邊排開行程，抽空與我逐行細讀書稿，我要向他表達欽佩與感激。特瑞多博士處理危險人格的經驗豐富，其中包括泰德．邦迪，提供了很大的幫助，感謝他為本書寫序。

若是少了艾布拉姆斯藝術代理（Abrams Artists Agency）的書籍部門總監史帝夫．羅斯（Steve Ross），就不會有這本書。史帝夫是執行力很強的文學經紀人，毫無疑問，也是共進餐點最有意思的夥伴。

我要感謝羅戴爾出版社（Rodale Books）的艾歷克斯．波斯曼（Alex Postman）、珍妮佛．勒維斯克（Jennifer Levesque）以及編輯團隊，他們重視大眾的心理、生理安全與福祉，接到這本書稿後，立刻看出其中能拯救生命的潛力。感謝編輯邁可．齊默曼（Michael Zimmerman），讓本書出版計畫順利執行，謝謝你讓一切成真，做得好。

本書的初稿經由珍妮斯．希拉瑞（Janice Hillary）仔細反覆的審閱，感謝她的洞見與支持指引。要是我們都有這樣的老師就好了，這位老師關心每一個學生，連我這樣的老學生也一樣照顧。

另外要謝謝坦帕大學圖書館的伊麗莎白．李．貝倫（Elizabeth Lee Barron），她熱心協助我找到需要的參考資料，還有聯邦調查局的好友馬克．瑞瑟（Marc Reeser），他總是逗我開心。

感謝東妮．斯艾拉．波茵特讓我的想法與寫作得以成形，更重要的是，妳向來保持好奇心並與我分享思想和觀念，並且對於細節一絲不苟。妳的寫作才華讓我的工作容易多了。謝謝妳，我的朋友。

另外，我要感謝我美國及歐洲的家人，在我對著比現在多出三倍字數的書稿奮鬥時，容忍我不在你們身邊。我打從心裡深深尊重的妻子泰絲（Thryth），感謝有妳，謝謝妳

ACKNOWLEDGMENTS
致謝

珍貴的建議與支持，也謝謝妳的耐心，讓我一年多來專心寫書。妳是我最大的福氣，為我隔離一切干擾。最後我要感謝父母，很榮幸成為他們的兒子，謝謝他們給我一個充滿愛、絕無危險人物的成長環境。

——退休聯邦調查局探員喬・納瓦羅
寫於坦帕

我要重複喬對艾布拉姆斯藝術代理的史帝夫・羅斯的謝意，也謝謝我們的編輯邁可・齊默曼，以及羅戴爾出版社為本書付出的所有努力。

感謝唐娜・孟克（Dona Munker），最堅定也最關愛朋友的同輩作家。

感謝我深愛的丈夫唐納德（Donald），永遠站在我這邊給予支持，以及一同談論最黑暗與最光明的事物。

謝謝喬・納瓦羅與我合作，我們許多的訪談跟透徹的討論，探討危險人物的各種樣貌，這是你所深知的奇特領域。感謝你對本書每個地方的持續努力，以及你的投入、幽默，樂在學習工作且孜孜不倦。當我收到的電子郵件寫著：「這件事我來。」我知道你一定能完成。

最後，儘管聽起來可能不夠正經，但我要感謝我的貓咪露西，總是溫柔的踡伏一旁，當我書寫這些危險人物而感到難受時，只要伸手就能摸到她毛茸茸的身軀。

——東妮・斯艾拉・波茵特
寫於紐約市

國家圖書館出版品預行編目（CIP）資料

FBI教你認出身邊隱藏的危險人物：生活中那些利用或傷害你的人，以及惡意的陌生人，你都能防範自保／喬・納瓦羅（Joe Navarro）、東妮・斯艾拉・波茵特（Toni Sciarra Poynter）著；張怡沁譯. -- 二版.
-- 臺北市：大是文化， 2020.11
288面；17×23公分. --（Biz：340）
譯自：Dangerous Personalities: An FBI Profiler Shows You How to Identify and Protect Yourself from Harmful People
ISBN 978-986-5548-11-7（平裝）

1. 犯罪學 2. 犯罪防治

548.5 109012452

Biz 340

FBI教你認出身邊隱藏的危險人物

生活中那些利用或傷害你的人，以及惡意的陌生人，你都能防範自保

作　　者／喬・納瓦羅（Joe Navarro）、東妮・斯艾拉・波茵特（Toni Sciarra Poynter）
譯　　者／張怡沁
封面、內文攝影／吳毅平
校對編輯／江育瑄
美術編輯／張皓婷
副 主 編／馬祥芬
副總編輯／顏惠君
總 編 輯／吳依瑋
發 行 人／徐仲秋
會　　計／許鳳雪、陳嫤娟
版權經理／郝麗珍
行銷企劃／徐千晴、周以婷
業務助理／王德渝
業務專員／馬絮盈、留婉茹
業務經理／林裕安
總 經 理／陳絜吾

出 版 者／大是文化有限公司
臺北市衡陽路 7 號 8 樓
編輯部電話：（02）23757911
購書相關資訊請洽：（02）23757911 分機122
24小時讀者服務傳真：（02）23756999
讀者服務E-mail：haom@ms28.hinet.net
郵政劃撥帳號：19983366　戶名：大是文化有限公司

法律顧問／永然聯合法律事務所
香港發行／豐達出版發行有限公司 Rich Publishing & Distribution Ltd
地址：香港柴灣永泰道 70 號柴灣工業城第 2 期 1805 室
Unit 1805, Ph. 2, Chai Wan Ind City, 70 Wing Tai Rd, Chai Wan, Hong Kong
電話：21726513　傳真：21724355
E-mail：cary@subseasy.com.hk

封面設計／林雯瑛
內頁排版／顏麟驊
印　　刷／鴻霖印刷傳媒股份有限公司

出版日期／2020 年 11 月二版
定　　價／新臺幣 360 元
ISBN　978-986-5548-11-7

Printed in Taiwan
（缺頁或裝訂錯誤的書，請寄回更換）

Dangerous Personalities: An FBI Profiler Shows You How to Identify and Protect Yourself from Harmful People